943 FRASES BÁSICAS EN INGLÉS ILUSTRADAS

943 BASIC PHRASES IN ENGLISH ILLUSTRATED

Martha Sastrías
Gilda Moreno Manzur

PAX

EL LIBRO MUERE CUANDO LO FOTOCOPIAN

Amigo lector:

La obra que usted tiene en sus manos es muy valiosa, pues el autor vertió en ella conocimientos, experiencia y años de trabajo. El editor ha procurado dar una presentación digna a su contenido y pone su empeño y recursos para difundirla ampliamente, por medio de su red de comercialización.

Cuando usted fotocopia este libro, o adquiere una copia "pirata", el autor y el editor dejan de percibir lo que les permite recuperar la inversión que han realizado, y ello fomenta el desaliento de la creación de nuevas obras.

La reproducción no autorizada de obras protegidas por el derecho de autor, además de ser un delito, daña la creatividad y limita la difusión de la cultura.

Si usted necesita un ejemplar del libro y no le es posible conseguirlo, le rogamos hacérnoslo saber. No dude en comunicarse con nosotros.

EDITORIAL PAX MÉXICO

❦

COORDINACIÓN EDITORIAL: Gilda Moreno Manzur
ILUSTRACIONES: Ezequiel Ramos Aparicio
DISEÑO: Manuscrito, S.C.
PORTADA: Víctor Madrigal Fritsch
CON LA COLABORACIÓN DE: Leslie Adams

© 1991   Editorial Pax México, Librería Carlos Cesarman, S.A.
          Av. Cuauhtémoc 1430
          Col. Santa Cruz Atoyac
          México, D.F. 03310
          Teléfono: 5605 7677
          Fax: 5605 7600
          editorialpax@editorialpax.com
          www.editorialpax.com

Primera edición
ISBN 978-968-860-365-9
Reservados todos los derechos
Impreso en México / *Printed in Mexico*

ABARROTES

Groceries

May I have two pounds of apples?
Méi ái jav tu páunds of apls?
Dos libras (908 g) de manzanas, por favor.

Do you have any fresh mushrooms?
Du yu jav éni fresh móshrrums?
¿Tiene champiñones frescos?

How much is a can of powdered milk?
Jáu mach es a kan of páuderd melk?
¿Cuánto cuesta la lata de leche en polvo?

Please give me two packets of fetuccini.
Plís guév mi tu pákets of fetuchíni.
Por favor, déme dos paquetes de tallarines.

A pound of sugar, please.
A páund of shúgar, plís.
Una libra (454 g) de azúcar, por favor.

A gallon of orange juice.
A gálon of óranch yus.
Un galón de jugo de naranja.
(3.8 litros)

How much is it?
Jáu moch es et?
¿Cuánto es?

Here you are.
Jíer yu ar.
Aquí tiene.

ACCIDENTES

Accidents

What's wrong?
Juáts rong?
¿Qué sucede?

There has been an accident.
Zder jas bin an áksident.
Hubo un accidente.

Can you call an ambulance?
Kan yu kol an ámbiulans?
¿Puede llamar una ambulancia?

Don't move him/her.
Dóunt muv jim/jer.
No lo/la mueva.

Please call a doctor.
Plís kol a dáktor.
Por favor, llame a un médico.

Is there a doctor here?
Es zder a dáktor jíer?
¿Hay algún médico aquí?

I need help, please.
Ái nid jelp, plís.
Necesito ayuda, por favor.

Please call —— and let him/her know about the accident.
Plís kol —— and let jim/jer nóu abáut zdi áksident.
Por favor, llame a —— e infórmele del accidente.

ADUANA

Customs

Anything to declare?
Énizding tu diklér?
¿Algo que declarar?

May I see your passport?
Méi ái si yur pásport?
¿Me permite su pasaporte?

Do you have more than five thousand dollars with you?
Du yu jav mor zdan fáiv zdáusand dólars uízd yu?
¿Trae más de cinco mil dólares?

Do you have any fruit, vegetables, plants with you?
Du yu jav éni frut, véchtabls, plants uízd yu?
¿Trae frutas, verduras o plantas?

Please open your bag.
Plís óupen yur bag.
Abra su maleta, por favor.

What is this?
Juát is zdes?
¿Qué es esto?

You'll have to pay duty on this.
Yul jav tu péi díuti on zdes.
Tendrá que pagar impuesto por esto.

AGENCIA DE VIAJES
Travel agency

May I help you?
Méi ái jelp yu?
¿Puedo ayudarle?

Do you have a brochure on San Francisco?
Du yu jav a bróshur on San Fransíscou?
¿Tiene un folleto de San Francisco?

Good morning/afternoon.
I'd like some information on tours to Las Vegas.
Gud mórning/áfternún.
Áid láik som informéishon on turs tu Las Vegas.
Buenos días/Buenas tardes.
¿Puede darme información de sus viajes
a Las Vegas?

I want a refund for this ticket.
Ái uánt a rífond for zdes tíket.
Quiero un reembolso de este boleto.

I'd like some maps of the city.
Áid láik som maps of zda séri.
¿Me podría dar algunos mapas de la ciudad?

I want to buy a ticket to Houston for next Sunday.
Ái uánt tu bái a tíket tu Jíuston for nekst sándei.
Quiero un boleto para Houston el próximo domingo.

First Class or Tourist?
Ferst klas or túrist?
¿Primera clase o turista?

Do you have any tours of the Napa Valley?
Du yu jav éni turs of zda Napa Váli?
¿Tiene excursiones al Valle Napa?

Could you give me some information about hotels in New York?
Kud yu guév mi som informéishon abáut joutéls en Niú York?
¿Puede darme información sobre hoteles en Nueva York?

Do you have special rates for families/children?
Du yu jav spéshal réits for fámilis/chéldren?
¿Tiene tarifas especiales para familias/niños?

Do you have special rates for businessmen/businesswomen?
Du yu jav spéshal réits for bésnesmen/bésnesuímen?
¿Tiene tarifas especiales para hombres/mujeres de negocios?

What kind of documents do I need to travel to France?
Juát káind of dókiuments du ái nid tu trável tu Frans?
¿Qué documentos necesito para viajar a Francia?

I want to make a reservation to Los Angeles.
Ái uánt tu méik a reservéishon tu Los Ányeles.
Quiero hacer una reservación a Los Ángeles.

What time/day do you want to leave?
Juát táim/déi du yu uánt tu liv?
¿A qué hora/Qué día desea salir?

AUTOBÚS (urbano)

Bus

Where's the bus stop?
Juérs zda bas stop?
¿Dónde está la parada del autobús?

Where can I get a bus to —— ?
Juér kan ái guét a bas tu —— ?
¿Dónde puedo tomar un autobús para —— ?

Does this bus take me to —— ?
Dos zdes bas téik mi tu —— ?
¿Me lleva este autobús a —— ?

I want to get off at —— .
Ái uánt tu guét of at —— .
Quiero bajarme en —— .

Letreros — Signs

Please ring the bell.	Exact fare only.
Plís reng zda bel. Toque el timbre.	*Eksáct fer óunli.* Tarifa exacta solamente.

AUTOBÚS FORÁNEO

Coach/Bus

Two tickets to Los Angeles, please.
Tu tíkets tu Los Ányeles, plís.
Dos boletos a Los Ángeles, por favor.

What's the fare to —— ?
Juáts zda fer tu —— ?
¿Cuánto cuesta el boleto a —— ?

What time does bus number 5 leave?
Juát táim dos bas námber fáiv liv?
¿A qué hora sale el autobús número 5?

What time do we get to —— ?
Juát táim du uí guét tu —— ?
¿A qué hora llegamos a —— ?

We'll stop thirty minutes for lunch at ——.
Uíl stop zdérti mínuts for lonch at ——.
Nos detendremos media hora para comer en ——.

Letreros — Signs

Watch your step.	You musn't talk to the driver.
Uátch yur step.	*Yu másent tok tu zda dráiver.*
Cuidado con el escalón.	No distraiga al chófer.

AUTOMÓVIL

Car

How can I get to the freeway ——?
Jáu kan ái guét tu zda fríuéi ——?
¿Cómo llego a la vía rápida ——?

Is there a gas station/parking lot near here?
Es zder a gas stéishon/párkin lot níer jíer?
¿Hay una gasolinería/un estacionamiento cerca de aquí?

Can I park here?
Kan ái park jíer?
¿Puedo estacionarme aquí?

Letreros — Signs

No parking	Keep to your right
Nóu párkin No estacionarse	*Kip tu yur ráit* Conserve su derecha

Right turn/Left turn	Toll: $ ——
Ráit tern/left tern Vuelta a la derecha Vuelta a la izquierda	*Tol: $ ——* Cuota: $ ——

Slow down	Speed limit: —— miles
Slóu dáun Baje la velocidad	*Spid lémet: —— máils* Límite de velocidad: —— millas (1 milla = 1.6093 km)

AVIÓN

Airplane

Where's the —— airline counter?
Juérs zda —— érláin káunter?
¿Dónde está el mostrador
de la aerolínea —— ?

Can you carry my bags?
Kan yu kárri mái bags?
¿Puede llevar mis maletas?

May I have your ticket and passport?
Méi ái jav yur tíket and pásport?
Su boleto y su pasaporte, por favor.

How many bags?
Jáu méni bags?
¿Cuántas piezas de equipaje?

Smoking or non smoking?
Smóukin or non smóukin?
¿Sección de fumar o no fumar?

Window or aisle?
Uíndou or áil?
¿Ventanilla o pasillo?

Please board the plane at 8:15, gate 40.
Plís bord zda pléin at éit feftín, guéit fóri.
Por favor, aborde el avión a las 8:15,
en la sala 40.

I'd like two tickets to —— .
Áid láik tu tíkets tu —— .
Quiero dos boletos para —— .

What's the flight number?
Juáts zda fláit námber?
¿Cuál es el número del vuelo?

I'd like to change my reservation on flight —— .
Áid láik tu chéinch mái reservéishon on fláit —— .
Quisiera cambiar mi reservación del vuelo —— .

—— announces the departure of its flight 999 to —— .
All passengers please proceed to gate 40.
—— anáunses zda dipárchur of ets fláit náin náin náin tu —— .
Ol pásenyers plís prosíd tu guéit fóri.
—— anuncia la salida de su vuelo 999 a —— .
Favor de abordar por la sala 40.

Please fasten your seat belts.
Plís fásen yur sit belts.
Abrochen sus cinturones de seguridad.

Straighten your seat back.
Stréiten yur sit bak.
Enderece el respaldo de su asiento.

Please extinguish all your cigarettes.
Plís ekstíngüish ol yur sígarrets.
Favor de apagar sus cigarrillos.

Please put your hand luggage under
your seat or in the upper compartment.
Plís put your jand lágach ánder
yur sit or en zdi áper kompártment.
Coloque su equipaje de mano debajo
de su asiento o en el compartimiento de arriba.

The smoking section is from row ⌐—— to row —— .
Zda smóukin sékshon es from róu —— tu róu —— .
La sección de fumar abarca de la fila —— a la fila —— .

What would you like to drink?
Juát uúd yu láik tu drénk?
¿Qué desea beber?

Are you going to have breakfast/lunch/dinner?
Ar yu góing tu jav brékfast/lánch/déner?
¿Desea desayunar/comer/cenar?

May I have a cola/a glass of water?
Méi ái jav a kóla/a glas of uórer?
Un refresco de cola/Un vaso de agua, por favor.

May I have some more coffee, please?
Méi ái jav som mor kófi, plís?
¿Me da un poco más de café, por favor?

Have you finished?
Jav yu féneshd?
¿Terminó?

Something to read?
Sómzding tu rid?
¿Algo para leer?

What time do we arrive in ——— ?
Juát táim du uí arráiv en ——— ?
¿A qué hora llegamos a ——— ?

May I have a pillow and a blanket, please?
Méi ái jav a pélou and a blánket, plís?
¿Me puede dar una almohada y una manta, por favor?

Please take all your personal belongings with you.
Plís téik ol yur pérsonal bilónguings uízd yu.
Por favor, recoja todos sus artículos personales.

Letreros — Signs

No smoking	No smoking in lavatories or aisles
Nóu smóukin No fumar	*Nóu smóukin en lávatoris or áils* No fume en los baños ni en los pasillos

BANCO

Bank

Excuse me, is there a bank near here?
Ekskiús mi, es zder a bank níer jíer?
Disculpe, ¿hay un banco cerca de aquí?

What time do the banks open/close?
Juát táim du zda banks óupen/klóus?
¿A qué hora abren/cierran los bancos?

Where can I change some traveler's checks/Mexican pesos?
Juér kan ái chéinch som trávelers chéks/Méksikan pésous?
¿Dónde puedo cambiar cheques de viajero/pesos mexicanos?

I want to change some Mexican pesos.
Ái uánt tu chéinch som Méksikan pésous.
Quiero cambiar pesos mexicanos.

What's the exchange rate?
Juáts zdi ekschéinch réit?
¿Cuál es la tasa de cambio?

I want to cash some traveler's checks.
Ái uánt tu kash som trávelers chéks.
Quiero cambiar cheques de viajero.

Do you have an I.D. (identification)?
Du yu jav an ái dí (áidentifikéishon)?
¿Tiene alguna identificación?

Here's my passport.
Jíers mái pásport.
Aquí tiene mi pasaporte.

Sign here, please.
Sáin jíer, plís.
Firme aquí, por favor.

Please collect your money at window six.
Plís kolékt yur máni at uíndou seks.
Por favor, recoja su dinero en la ventanilla seis.

BIBLIOTECA
Library

Excuse me, where are the law/science/mathematics books?
Ekskiús mi, juér ar zda ló/sáiens/mázdemátiks búks?
Disculpe, ¿dónde están los libros de leyes/ciencias/matemáticas?

Excuse me, do you have a Spanish/English dictionary?
Ekskiús mi, du yu jav a Spánish/Ínglish dékshonári?
Disculpe, ¿tiene diccionarios español-inglés?

What time do you close?
Juát táim du yu klóus?
¿A qué hora cierran?

The librarian is not here now.
Zda laibrérian es not jíer náu.
El bibliotecario/La bibliotecaria no está.

The fiction books/dictionaries/non fiction books are on shelf ——.
Zda fékshon búks/dékshonáris/nonfékshon búks ar on shelf ——.
Los libros de ficción/diccionarios/libros de no ficción están
en el estante ——.

Can I take this book home?
Kan ái téik zdes búk jóum?
¿Puedo llevarme este libro a mi casa?

You need a credential.
Yu nid a kredénshal.
Necesita una credencial.

When do I have to bring the book back?
Juén du ái jav tu breng zda búk bák?
¿Cuándo tengo que regresar el libro?

Where can I get photocopies of this?
Juér kan ái guét fótokópis of zdes?
¿Dónde puedo sacar copias de esto?

I forgot my library card.
Ái forgót mái láibrari kard.
Olvidé mi tarjeta.

Letreros — Signs

Silence, please!

Sáilens, plís
Silencio, por favor

Reference books

Réferens búks
Libros de consulta

Magazines

Mágazens
Revistas

Books in Spanish

Buks en Spánish
Libros en español

CALLE

Street

You can get the newspaper at the newsstand on the corner.
Yu kan guét zda niúspéiper at zda niústánd on zda kórner.
Puede comprar el periódico en el puesto de la esquina.

There's a nice restaurant across the street.
Zdérs a náis réstorant akrós zda strít.
Hay un buen restaurante cruzando la calle.

The hotel is around the corner.
Zda joutél es aráund zda kórner.
El hotel está a la vuelta de la esquina.

There are several coffee shops on this street.
Zder ar séveral kófi shops on zdes strít.
Hay varias cafeterías en esta calle.

The bus doesn't stop here.
Zda bas dósnt stop jíer.
El autobús no para aquí.

Letreros — Signs

Litter *Léter* Deposite la basura aquí	**Open from 9:00 to 5:00** *Óupen from 9:00 tu 5:00.* Abierto de 9:00 a 5:00
No littering *Nóu létring* No tire basura	**Subway station** *Sábuéi stéishon* Estación del metro
Walk *Uók* Cruce	**Push button for crossing** *Púsh bótn for krósing* Para cruzar, oprima el botón
Don't walk *Dóunt uók* No cruce./Alto	**Bus stop. Line 7** *Bas stop. Láin 7* Parada de autobús. Línea 7

CASA

Is Mr. Smith in?
Es méster Smezd en?
¿Está el señor Smith?

Come in and sit down, please.
Kom en and set dáun, plís.
Pase y siéntese, por favor.

Make yourself at home.
Méik yursélf at jóum.
Ésta es tu casa.

There's nobody home.
Zders nóbadi jóum.
No hay nadie en casa.

Can I get you some coffee/a glass of water/a soda?
Kan ái guét yu som kófi/a glas of uórer/a sóda?
¿Quiere café/un vaso de agua/un refresco?

Please turn on the lights.
Plís tern on zda láits.
Encienda la luz, por favor.

Open the window/door, please.
Óupen zdi uíndou/dor, plís.
Abra la ventana/la puerta, por favor.

Close the window/door, please.
Klóus zdi uíndou/dor, plís.
Cierre la ventana/puerta, por favor.

Don't forget to make your bed.
Dóunt forguét tu méik yur bed.
No olvide tender su cama.

They have video games in the game room.
Zdéi jav vídio guéims in zda guéim rum.
Tienen juegos de vídeo en el salón de juegos.

Where's the bathroom?
Juérs zda bázdrrum?
¿Dónde está el baño?

Where are the knives/plates/glasses?
Juér ar zda náivs/pléits/gláses?
¿Dónde están los cuchillos/platos/vasos?

Breakfast/lunch/dinner is ready.
Brékfast/lanch/déner es rédi.
El desayuno/La comida/La cena está listo/está lista.

Can I help you with the dishes?
Kan ái jelp yu uízd zda déshes?
¿Puedo ayudarle a lavar los platos?

CINE

Movies

Have you seen the film/movie —— ?
Jav yu sin zda felm/múvi —— ?
¿Ya viste la película —— ?

What's on at the movies tonight?
Juáts on at zda múvis tunáit?
¿Qué película exhiben en el cine
hoy en la noche?

Can you recommend a good film/movie?
Kan yu rékomend a gud felm/múvi?
¿Puedes recomendarme una buena película?

What kind of films/movies do you like?
Juát káind of felms/múvis du yu láik?
¿Qué tipo de películas te gustan?

Do you want to go to the movies?
Du yu uánt tu góu tu zda múvis?
¿Quieres ir al cine?

Two tickets, please.
Tu tíkets, plís.
Dos boletos, por favor.

The movie starts at —— p.m.
Zda múvi starts at —— pí ém.
La película empieza a las —— p.m.

Please give me two bags/boxes of popcorn and two sodas.
Plís guév mi tu bags/bákses of pápkorn and tu sódas.
Por favor, déme dos bolsas/cajas de palomitas y dos refrescos.

Did you like the film/movie?
Ded yu láik zda felm/múvi?
¿Te gustó la película?

CLIMA

Weather

I can't stand the cold.
Ái kant stand zda kóuld.
No soporto el frío.

I'm freezing.
Áim frízing.
Me estoy helando.

Turn on the heat.
Tern on zda jit.
Enciende la calefacción.

You need boots for the snow.
Yu nid buts for zda snóu.
Necesitas botas para la nieve.

It's snowing.
Ets snóuing.
Está nevando.

It's very hot.
Ets véri jat.
Hace mucho calor.

Isn't it hot today?
Ésnt et jat tudéi?
Hace mucho calor, ¿no?

It's very cold.
Ets véri kóuld.
Hace mucho frío.

Isn't it cold today?
Ésnt et kóuld tudéi?
Hace mucho frío, ¿no?

This city is very windy.
Zdes séri es véri uíndi.
Esta ciudad es muy airosa.

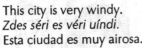

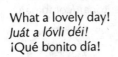

You'll need your raincoat. It's raining.
Yul nid yur réinkout. Ets réining.
Necesitarás tu impermeable. Está lloviendo.

What a lovely day!
Juát a lóvli déi!
¡Qué bonito día!

It's nice weather.
Ets náis uézder.
Hay muy buen tiempo.

It's terrible weather.
Ets térribl wézder.
¡Qué clima tan feo!

It's very foggy.
Ets véri fágui.
Está muy nublado.

23

COLORES

Colors

Blue/red/yellow/suits you.
Blu/red/yélou suts yu.
El azul/rojo/amarillo te queda.

What's your favorite color?
Juáts yur féivrit kólor?
¿Cuál es tu color favorito?

Black/blue/green/yellow is my favorite color.
Blak/blu/grín/red/yélou es mái féivrit kólor.
El negro/azul/verde/rojo/amarillo es mi color favorito.

Those colors clash/match.
Zdóus kólors klash/match.
Esos colores desentonan/combinan.

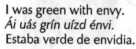

I was green with envy.
Ái uás grín uízd énvi.
Estaba verde de envidia.

It's a grey/dull day; it's going to rain.
Ets a gréi/dal déi; ets góin tu réin.
El día está gris, va a llover.

Do you have green/yellow/pink/blue stationery?
Du yu jav grín/yélou/penk/blu stéishoneri?
¿Tiene papel para carta verde/amarillo/rosa/azul?

CONDOLENCIAS
Condolences

Please accept my condolences.
Plís aksépt mái kondólenses.
Por favor, acepte mis condolencias.

I'm so sorry to hear of your —— 's death.
Áim sóu sórri tu jíer of yur —— s dezd.
Lamento lo sucedido.

I'm terribly sorry.
Áim térribli sórri.
Lo siento mucho.

I'm very sorry.
Áim véri sórri.
Lo siento mucho.

Let me know if I can do anything for you.
Let mi nou ef Ái kan du énizding for yu.
Avísame si te puedo ayudar en algo.

CORREOS
Post Office

I'd like to send this letter to Mexico.
Áid láik tu send zdes lérer tu Méksikou.
Quiero enviar esta carta a México.

Two $ —— stamps, please.
Tu $ —— stamps, plís.
Dos estampillas de $ —— , por favor.

I want to register this letter.
Ái uánt to réyister zdes lérer.
Quiero certificar esta carta.

Excuse me, where is the mail box?
Ekskiús mi, juér es zda méil báks?
Disculpe, ¿dónde está el buzón?

I'd like some stamps for this parcel, please.
Áid láik som stamps for zdes pársel, plís.
Quisiera estampillas para este paquete, por favor.

I want to send this parcel.
Ái uánt tu send zdes pársel.
Quiero enviar este paquete.

Where to?
Juér tu?
¿A dónde?

Letreros — Signs

Parcels	**Money orders**
Párcels	*Máni órders*
Paquetes	Giros postales
Air Mail	**Stamps**
Er méil	*Stamps*
Correo aéreo	Estampillas
Air Mail outside the U.S.	**Letters and postcards**
Er méil áutsáid zdi iú és	*Lérers and póustkards*
Correo aéreo fuera de Estados Unidos	Cartas y tarjetas postales

CUIDADO DEL BEBÉ

Baby care

Do you have baby food?
Du yu jav béibi fud?
¿Tiene comida para bebé?

Certainly. What would you like?
Sértenli. Juát uúd yu láik?
Desde luego. ¿Qué desea?

Where are the diapers, please?
Juér ar zda dáipers, plís?
¿Dónde están los pañales, por favor?

Do you have baby bottles/pacifiers?
Du yu jav béibi bátls/pásifáiers?
¿Tiene biberones/chupones?

Do you need any help?
Du yu nid éni jelp?
¿Necesita ayuda?

You can change the baby here/there/
in the bathroom.
Yu kan chéinch zda béibi jíer/zder/in zda bázdrrum.
Puede cambiar al bebé aquí/allá/en el baño.

He's/She's teething. What can I do?
Jis/Shis tízding. Juát kan ái du?
Le están saliendo los dientes.
¿Qué puedo hacer?

Rub his/her gums with —— .
Rob jis/jer goms uízd —— .
Frótele las encías con —— .

How old is he/she?
Jaú óuld is ji/shí?
¿Cuántos años tiene?

DENTISTA

Dentist

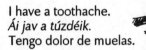

I have a toothache.
Ái jav a túzdéik.
Tengo dolor de muelas.

I have to see a dentist.
Ái jav tu si a déntist.
Tengo que ver a un dentista.

Can you recommend a good dentist?
Kan yu rékomend a gud déntist?
¿Puede recomendarme un buen dentista?

I think I have a broken tooth.
Ái zdenk ái jav a bróuken tuzd.
Creo que se me rompió una muela/un diente.

I have to take your tooth out.
Ái jav tu téik yur tuzd áut.
Le tengo que extraer la muela.

Take two tablets every four hours if it hurts.
Téik tu táblets évri for áuers ef et jerts.
Si le duele, tome dos tabletas cada cuatro horas.

DEPORTES

Sports

Where can I get some tickets for the tennis
match/baseball game/basketball game?
*Juér kan ái guét som tíkets for zda ténis
match/béisbol guéim/básketbol guéim?*
¿Dónde puedo comprar boletos para el
partido de tenis/el juego de béisbol/el juego de baloncesto?

Let's go to the football game.
Lets góu tu zda fútbol guéim.
Vamos al partido de futbol.

Who's playing?
Jus pléyin?
¿Quién juega?

He's a baseball/basketball/tennis/football/
soccer fan.
Jis a béisbol/básketbol/ténis/fútbol/sóker fan.
Es aficionado al béisbol/baloncesto/tenis/
futbol americano/futbol sóccer.

Excuse me, where is the ticket office/row ——— ?
Ekskiús mi, juér es zda tíket ófis/róu ——— ?
Disculpe, ¿dónde está la taquilla/la fila ——— ?

Who's winning?
Jus uíning?
¿Quién va ganando?

What's the score?
Juáts zda skor?
¿Cuál es el marcador?

——— is a very good player.
——— *es a véri gud pléyer.*
——— es muy buen jugador.

I go jogging/walking every morning.
Ái góu yóguin/uókin évri mórning.
Voy a correr/caminar todas las mañanas.

Swimming and surfing are my favorite sports.
Suíming and sérfing ar mái féivrit sports.
La natación y el sorfeo son mis deportes favoritos.

DESPEDIDAS

Farewells

Good night.
Gud náit.
Buenas noches.

I'll see you tomorrow.
Áil si yu tumárrou.
Hasta mañana./Te veré mañana.

Sleep well.
Slíp uél.
Que duermas bien.

Goodbye.
Gudbái.
Adiós.

Bye!
Bái!
¡Adiós!

See you later.
Si yu léirer.
Nos vemos después.

So long.
Sóu long.
Hasta luego.

Take care.
Téik ker.
Cuídate.

Have a nice day/weekend.
Jav a náis déi/uíkend.
Que tengas un buen día/fin de semana.

See you on Monday/Tuesday, etc.
Si yu on mándéi/tíusdéi, etc.
Hasta el lunes/martes, etc.

DÍAS DE LA SEMANA/PARTES DEL DÍA
Days of the week/Time of the day

I'll see you on
Monday/Tuesday/Wednesday/Thursday/Friday/Saturday/Sunday.
Áil si yu on mándéi/tíusdéi/uénsdéi/zdérsdéi/fráidéi/sárurdéi/sándéi.
Nos vemos el
lunes/martes/miércoles/jueves/viernes/sábado/domingo.

See you Friday morning.
Si yu fráidéi mórning.
Te veré el viernes por la mañana.

It's a cool evening.
Ets a kul ívning.
Está fresca la noche.

We work all day/only in the afternoon.
Uí uérk ol déi/óunli en zdi áfternun.
Trabajamos todo el día/sólo por la tarde.

I have lunch at noon.
Ái jav lanch at nun.
Como a las 12 del día.

We have the night shift.
Uí jav zda náit sheft.
Tenemos el turno de la noche.

We get paid every week/fortnight.
Uí guét péid évri uík/fórnáit.
Nos pagan cada semana/quincena.

I spend the weekend with my family.
Ái spend zdi uíkend uízd mái fámili.
Paso el fin de semana con mi familia.

We're going to —— for the long weekend.
Uír góing tu —— for zda long uíkend.
Vamos a —— a pasar el fin de semana largo.

Letreros — Signs

Open Monday through Friday *Óupen mándéi zdru fráidéi* Abrimos de lunes a viernes	**Out for lunch** *Áut for lanch* Salimos a comer
Closed on Sundays *Klóusd on sándéis* Cerramos los domingos	**Open on Saturdays** *Óupen on sárurdéis* Abierto los sábados

DÍAS FESTIVOS
Holidays

Tomorrow is a holiday.
Tumárrou es a jólidéi.
Mañana es día festivo.

Are you going to the parade?
Ar yu góing tu zda paréid?
¿Vas a ir al desfile?

Next month we will have a long weekend. It's **Memorial Day.**
Nekst manzd uíl jav a long uíkend. Ets Memórial Déi.
El próximo mes tendremos un fin de semana largo. Es la **Conmemoración de los Soldados Caídos.**

Today is my birthday.
Tudéi es mái berzdéi.
Hoy es mi cumpleaños.

I have to buy some **Christmas** presents.
Ái jav tu bái som Krésmas présents.
Tengo que comprar unos regalos de **Navidad.**

We spend **Christmas Eve/Easter Sunday/Thanksgiving** at home.
Uí spend Krésmas Ív/Íster Sándéi/Zdanksguéven at jóum.
Pasamos la **Nochebuena**/el **Domingo de Pascua**/el **Día de Acción de Gracias** en casa.

All the stores are closed on a holiday.
Ol zda stors ar klóusd on a jólidéi.
Todas las tiendas cierran los días festivos.

DIRECCIONES
Directions

Excuse me, where is the hotel/railroad station/nearest bank?
Ekskiús mi, juér es zda joutél/réilroud stéishon/nírest bank?
Disculpe, ¿dónde se encuentra el hotel /la estación de ferrocarril/el banco más cercano?

How do I get to Park Avenue?
Jáu du ái guét tu Park Áveniu?
¿Cómo llego a Park Avenue?

How far is the post office from here?
Jáu far es zda póust ófis from jíer?
¿Está lejos la oficina de correos de aquí?

How can I find this address?
Jáu kan ái fáind zdes adrés?
¿Cómo puedo encontrar esta dirección?

Go straight ahead.
Góu stréit ajéd.
Siga derecho.

Walk two blocks and turn left.
Uók tu blaks and tern left.
Camine dos cuadras y dé vuelta
a la izquierda.

Excuse me, is this the way to the
Art Museum?
*Ekskiús mi, es zdes zdi uéi tu zdi
Art Miusíum?*
Disculpe, ¿por aquí se va al
Museo de Arte?

You are on the wrong street.
Yu ar on zda rong strít.
Ésta no es la calle.

Turn right.
Tern ráit.
Dé vuelta a la derecha.

To your left/right.
Tu yur left/ráit.
A su izquierda/derecha.

The hotel is near the bus station/airport.
Zda joutél es níer zda bas stéishon/érport.
El hotel está cerca de la estación
de autobuses/del aeropuerto.

The drugstore is across the street.
Zda drágstor es akrós zda strít.
La farmacia está cruzando la calle.

DISCULPAS
Apologies

I'm sorry.
Áim sórri.
Lo siento.

Don't mention it./That's alright.
Dóunt menshon et./Zdads olráit.
No te preocupes./Está bien.

Pardon me!
Párdon mi!
¡Perdóneme!

Of course./Certainly.
Of kors./Sértenli.
Por supuesto./Desde luego.

Excuse me.
Ekskiús mi.
Disculpe.

That's OK.
Zdads okéi.
Está bien.

Please forgive me.
Plís forguév mi.
Por favor, perdóneme.

I'm sorry I'm late.
Áim sórri áim léit.
Siento llegar tarde.

I'm afraid I can't ——— .
Áim afréid ái kant ——— .
Me temo que no puedo ——— .

I apologize./My apologies.
Ái apóloyáis./Mái apóloyis.
Acepta mis disculpas.

EDAD

How old are you?
Jáu óuld ar yu?
¿Cuántos años tienes?

I'm ——.
Áim ——.
Tengo ——.

I'm eighteen/thirty/forty five.
Áim eitín/zdéri/fóri fáiv.
Tengo dieciocho/treinta/cuarenta y cinco años.

When is your birthday?
Juén es yur bérzdéi?
¿Cuándo es tu cumpleaños?

When were you born?
Juén uér yu born?
¿Cuándo naciste?

I was born on October 5th.
Ái uós born on Októuber fefzd.
Nací el cinco de octubre.

How old is he/she/your mother?
Jáu óuld es ji/shi/yur mózder?
¿Cuántos años tiene él/ella/tu mamá?

He/She/My mother is —— years old.
Ji/Shi/Mái mózder es —— yíers óuld.
Él/Ella/Mi madre tiene —— años.

Your age, please.
Yur éich, plís.
Su edad, por favor.

ESCUELA

What time does school start?
Juát táim dos skúl start?
¿A qué hora empiezan las clases?

Is that your classroom?
Es zdad yur klásrrum?
¿Es ése tu salón de clases?

What grade are you in?
Juát gréid ar yu en?
¿En qué año vas?

Who's the Lab teacher?
Jus zda Lab tícher?
¿Quién es el maestro de Laboratorio?

What's your timetable?
Juáts yur táimtéibl?
¿Cuál es tu horario?

What subjects are you taking?
Juát sábyekts ar yu téiking?
¿Qué materias llevas?

I'll see you in the cafeteria after class.
Áil si yu en zda cafetíria áfter klas.
Nos vemos en la cafetería después de clases.

We have an English test tomorrow.
Uí jav an Ínglish test tumárrou.
Tenemos examen de inglés mañana.

I lost my books.
Ái lost mái buks.
Perdí mis libros.

Did you study for the exam?
Ded yu stódi for zdi eksám?
¿Estudiaste para el examen?

Was it easy/difficult?
Uós et ísi/défekolt?
¿Estuvo fácil/difícil?

Did you like the class?
Ded yu láik zda klas?
¿Te gustó la clase?

I have a lot of homework.
Ái jav a lot of jóumuérk.
Tengo mucha tarea.

ESTACIONES

Seasons

We are going to New York in the spring.
Uí ar góing tu Niú York en zda spreng.
Iremos a Nueva York en primavera.

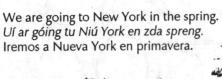

I like nice, hot summer days.
Ái láik náis, jat sámer déis.
Me gustan los días calurosos
y agradables del verano.

I met her last fall.
Ái met jér last fol.
La conocí el otoño pasado.

This has been a very cold winter.
Zdes jas bín a véri kóuld uínter.
Ha sido un invierno muy frío.

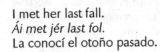

I go on vacation in spring/summer/winter.
Ái góu on vakéishon en spreng/sámer/uínter.
Salgo de vacaciones en primavera/verano/invierno.

ESTADO CIVIL

Marital status

My sister is engaged/married/divorced.
Mái séster es enguéichd/márrid/divórsd.
Mi hermana está comprometida/casada/divorciada.

My friend is remarried.
Mái frend es rimárrid.
Mi amiga se volvió a casar.

I'm single.
Áim séngl.
Soy soltero(a).

My grandmother is a widow./My grandfather is a widower.
Mái grandmózder es a uídou./Mái grandfázder es a uídouer.
Mi abuela es viuda./Mi abuelo es viudo.

John is separated from his wife.
Yon es separéited from jis uáif.
John se separó de su esposa.

He's my fiance./She's my fiancee.
Jis mái fiansé./Shis mái fiansí.
Es mi prometido./Es mi prometida.

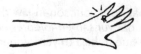

FAMILIA

Family

This is my mother/my mother-in-law.
Zdes es mái mózder/mái mózder-en-lo.
Es mi madre/mi suegra.

I have one brother and one sister.
Ái jav uán brózder and uán séster.
Tengo un hermano y una hermana.

I'm an only child.
Áim an óunli cháild.
Soy hija/hijo única(o).

Tomorrow is my father's birthday.
Tumárrou es mái fázders bérzdei.
Mañana es cumpleaños de mi papá.

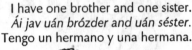

My aunt and uncle live in Guadalajara.
Mái ant and ónkl lev en Guadalajara.
Mi tía y mi tío viven en Guadalajara.

My grandfather/grandmother lives near here.
Mái grandfázder/grandmózder livs níer jíer.
Mi abuelo/abuela vive cerca de aquí.

I'm going to visit my cousins/nephew/niece.
Áim góing tu véset mái kósin/néfiu/nís.
Voy a visitar a mis primos/mi sobrino/mi sobrina.

This is my girlfriend/boyfriend.
Zdes es mái guérlfrend/bóifrend.
Te presento a mi novia/novio.

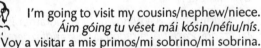

My mother has four grandchildren.
Mái mózder jas for grandchéldren.
Mi madre tiene cuatro nietos.

What does your son-in-law/daughter-in-law do?
Juát das yur san-en-lo/dórer-en-lo du?
¿En qué trabaja tu yerno/nuera?

FARMACIA
Pharmacy

I need something for a bad cold/a headache/a stomach ache.
Ái nid sómzdin for a bad cóuld/a jedéik/a stómak éik.
Necesito algo para la gripa/el dolor de cabeza/el dolor de estómago.

Excuse me, do you have xx pills/tablets/syrup?
Ekskiús mi, du yu jav xx pels/táblets/sáirop?
Disculpe, ¿tiene píldoras/tabletas/el jarabe xx?

Could you fill this prescription?
Kud yu fel zdes prescrípshon?
¿Puede surtirme esta receta?

You need a prescription.
Yu nid a preskrípshon.
Necesita receta médica.

I'm sorry, we don't have xx.
Áim sórri, uí dóunt jav xx.
Lo siento, no tenemos xx.

FERRETERÍA
Hardware store

Where can I buy a screwdriver/hammer/wrench?
Juér kan ái bái a skrudráiver/jámer/rench?
¿Dónde puedo comprar un desarmador/martillo/una llave de tuercas?

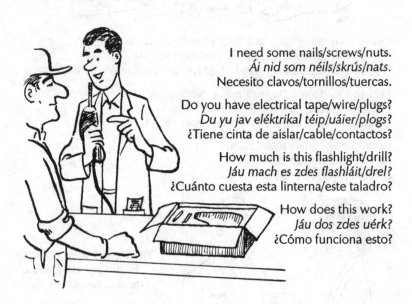

I need some nails/screws/nuts.
Ái nid som néils/skrús/nats.
Necesito clavos/tornillos/tuercas.

Do you have electrical tape/wire/plugs?
Du yu jav eléktrikal téip/uáier/plogs?
¿Tiene cinta de aislar/cable/contactos?

How much is this flashlight/drill?
Jáu mach es zdes flashláit/drel?
¿Cuánto cuesta esta linterna/este taladro?

How does this work?
Jáu dos zdes uérk?
¿Cómo funciona esto?

FERROCARRIL

Train

I'd like to reserve a seat on the 8 o'clock train to ——. First Class, please.
Áid láik tu risérv a sit on zdi éit oklók tréin tu ——. Ferst klas, plís.
Quisiera reservar un asiento en el tren de las ocho a ——. Primera Clase, por favor.

I want a ticket to ——.
Ái uánt a tíket tu ——.
Quiero un boleto para ——.

A ticket on the sleeping couch, please.
A tíket on zda slíping kóuch, plís.
Déme un boleto para el carro dormitorio, por favor.

Is there a dining car?
Es zder a dáining kar?
¿Tiene carro comedor?

What time does the train leave?
Juát táim dos zda tréin liv?
¿A qué hora sale el tren?

What time does the train arrive in ——?
Juát táim dos zda tréin arráiv en ——?
¿A qué hora llega el tren a ——?

Is this platform ——?
Es zdes plátform ——?
Es éste el andén ——?

Is this the train to ——?
Es zdes zda tréin tu ——?
Es éste el tren para —— ?

Excuse me, are there any lockers here?
Ekskiús mi, ar zder éni lókers jíer?
Disculpe, ¿hay gavetas aquí?

FINANZAS

Finance

Excuse me, where can I cash a check?
Ekskiús mi, juér kan ái kash a chék?
Disculpe, ¿dónde puedo cambiar un cheque?

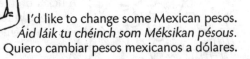

I'd like to change some Mexican pesos.
Áid láik tu chéinch som Méksikan pésous.
Quiero cambiar pesos mexicanos a dólares.

How much is it?
Jáu mach es et?
¿Cuánto cuesta?

Do you accept credit cards?
Du yu aksépt krédit kards?
¿Acepta tarjetas de crédito?

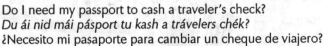

Please sign here.
Plís sáin jíer.
Firme aquí, por favor.

Do I need my passport to cash a traveler's check?
Du ái nid mái pásport tu kash a trávelers chék?
¿Necesito mi pasaporte para cambiar un cheque de viajero?

Do you have any change?
Du yu jav éni chéinch?
¿Tiene cambio?

I don't have any change.
Ái dóunt jav éni chéinch.
No tengo cambio.

FORMAS

Shapes

Could you show me some circular mats?
Kud yu shóu mi som sérkiular mats?
¿Me podría mostrar unos manteles
individuales redondos?

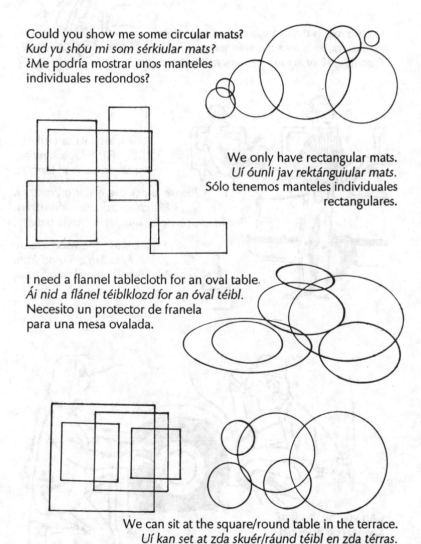

We only have rectangular mats.
Uí óunli jav rektánguiular mats.
Sólo tenemos manteles individuales
rectangulares.

I need a flannel tablecloth for an oval table.
Ái nid a flánel téiblklozd for an óval téibl.
Necesito un protector de franela
para una mesa ovalada.

We can sit at the square/round table in the terrace.
Uí kan set at zda skuér/ráund téibl en zda térras.
Podemos sentarnos a la mesa cuadrada/redonda de la terraza.

GASOLINERA
Gas station

Excuse me, is there a gas station near here?
Ekskiús mi, es zder a gas stéishon níer jíer?
Disculpe, ¿hay alguna gasolinera cerca de aquí?

Please fill the tank up.
Plís fel zda tank ap.
Por favor, llene el tanque.

Please check the water/oil/battery.
Plís check zdi uórer/óil/báreri.
Por favor, revise el agua/el aceite/la batería.

Please wash the windscreen.
Plís uásh zdi uíndskrín.
Por favor limpie el parabrisas.

Can you fix this flat?
Kan yu feks zdes flat?
¿Puede reparar esta llanta ponchada?

GÉNEROS

Gender

She's a good looking woman.
Shis a gud lúking uúman.
Es una mujer guapa.

My boss is a nice man.
Mái bos es a náis man.
Mi jefe es un hombre agradable.

You'll like him, he's a gentleman.
Yul láik jim, jis a yéntlman.
Te gustará./Te caerá bien. Es un caballero.

Who's that lady?
Jus zdad léidi?
¿Quién es esa dama?

We have a boy/girl.
Uí jav a bói/guérl.
Tenemos un chico/hijo/una chica/hija.

Is your cat a female/a male?
Es yur cat a fímeíl/a méil?
¿Es hembra/macho tu gato?

HORA

Time

Excuse me, can you tell me the time?
Ekskiús mi, kan yu tel mi zda táim?
Disculpe, ¿puede decirme qué hora es?

What time is it?
Juát táim es et?
¿Qué hora es?

My watch is slow/fast.
Mái uátch es slóu/fast.
Mi reloj está atrasado/adelantado.

It's one o'clock.
Ets uán oklók.
Es la una en punto.

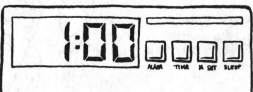

It's ten after two.
Ets ten áfter tu.
Son las dos y diez.

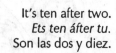

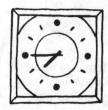

It's a quarter to eight.
Ets a kuárer tu éit.
Un cuarto para las ocho.

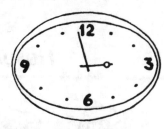

It's nearly three o'clock.
Ets nírli zdrí oklók.
Son cerca de las tres.

It's a quarter past nine.
Ets a kuárer past náin.
Son las nueve y cuarto.

It's twenty to five.
Ets tuéni tu fáiv.
Faltan veinte para las cinco.

It's late.
Ets léit.
Es tarde.

See you at four.
Si yu at for.
Nos vemos a las cuatro.

The movie starts in ten minuts.
Zda múvi starts en ten mínuts.
La película empieza en diez minutos.

HOSPITAL

What are the visiting hours?
Juát ar zda véseting áuers?
¿Cuáles son las horas de visita?

Is there a cafeteria in this hospital?
Es zder a kaftíria en zdes jáspital?
¿Hay cafetería en este hospital?

I'm in pain.
Áim en péin.
Tengo dolor.

Please call the doctor.
Plís kol zda dáktor.
Por favor, llame al doctor.

I can't sleep.
Ái kant slíp.
No puedo dormir.

I feel dizzy.
Ái fil dézi.
Me siento mareada(o).

When can I get up?
Juén kan ái guét ap?
¿Cuándo me puedo levantar?

When can I go home?
Juén kan ái góu jóum?
¿Cuándo puedo irme a casa?

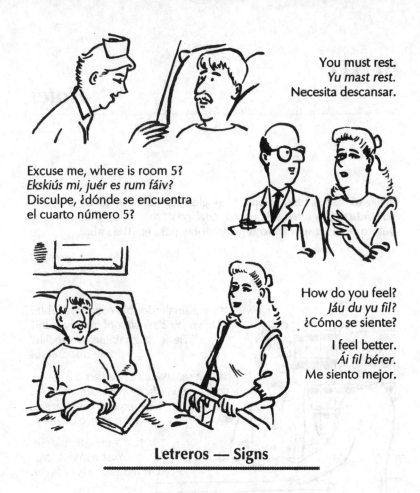

You must rest.
Yu mast rest.
Necesita descansar.

Excuse me, where is room 5?
Ekskiús mi, juér es rum fáiv?
Disculpe, ¿dónde se encuentra
el cuarto número 5?

How do you feel?
Jáu du yu fil?
¿Cómo se siente?

I feel better.
Ái fil bérer.
Me siento mejor.

Letreros — Signs

Children are not allowed./No children, please

Chéldren ar not aláud./Nóu chéldren, plís
No se permite la entrada a niños

Visiting hours: —— **to** ——

Véseting áuers: —— *tu* ——
Horas de visita: —— a ——

HOTEL

I'd like to make a reservation for a single/a double room for April 10.
Áid láik tu méik a reservéishon for a séngl/a dóbl rum for éipril ten.
Quiero reservar un cuarto sencillo/doble para el 10 de abril.

Do you have a single/double room available?
Du yu jav a séngl/dóbl rum avéilabl?
¿Tiene una habitación sencilla/
doble disponible?

I have a reservation. My name is ——— .
Ái jav a reservéishon. Mái néim es ——— .
Tengo una reservación,
mi nombre es ——— .

Just a minute, please.
Yost a mínut, plís.
Un momento, por favor.

Please fill out the registration form.
Plís fel áut zda reyistréishon form.
Por favor, llene la forma de registro.

Do you have a credit card?
Du yu jav a krédit kard?
¿Tiene alguna tarjeta de crédito?

Sign here, please.
Sáin jíer, plís.
Firme aquí, por favor.

How long will you be staying?
Jáu long uíl yu bi stéing?
¿Cuántos días se va a quedar?

One night/Two nights/A week.
Uán náit/tu náits/a uík.
Una noche/Dos noches/Una semana.

Operator, may I help you?
Operéitor, méi ái jelp yu?
Es la operadora, ¿lo puedo ayudar?

Room service, please.
Rum sérvis, plís.
Servicio a cuartos, por favor.

Dial 52.
Dáial féfti tu.
Marque el 52.

Can you send me a ham sandwich and a cup of coffee?
Kan yu send mi a jam sánduich and a kap of kófi?
¿Me puede enviar un emparedado de jamón y un café?

Can you send up an extra blanket/some more towels?
Kan yu send ap an ékstra blánket/som mor táuels?
¿Puede mandarnos un cobertor extra/más toallas?

I'm checking out today. Please have my bill ready.
Áim chéking áut tudéi. Plís jav mái bil rédi.
Salgo hoy, por favor prepare mi cuenta.

Certainly, sir, check out time is 2 o'clock.
Sértenli, ser, chek áut táim es tu oklók.
Desde luego, señor, la hora de salida es a las 2 p.m.

I'd like to get transportation to the airport.
Áid láik tu guét transportéishon tu zdi érport.
Quisiera servicio de transportación al aeropuerto.

Can you send a bellboy for my luggage?
Kan yu send a bélboi for mái lágach?
¿Puede mandar a un maletero por mi equipaje?

IMPERATIVOS

Imperatives

Show me your green card/your work permit.
Shóu mi yur grín kard/yur uérk pérmit.
Muéstreme su tarjeta verde/su permiso de trabajo.

Let me see your passport.
Let mi si yur pásport.
Permítame ver su pasaporte.

Your driver's license, please.
Yur dráivers láisens, plís.
Su licencia de manejo, por favor.

Please wait.
Plís uéit.
Espere, por favor.

Next!
Nekst!
El que sigue.

Come in.
Kom en.
Pase.

Stop that!
Stop zdad!
¡Deje de hacer eso!

Please stay together.
Plís stéi tuguéder.
Permanezcan juntos.

Look out!/Watch out!
Luk áut!/Uátch áut!
¡Cuidado!

Be careful.
Bi kérful.
Tenga cuidado.

Watch your step.
Uátch yur step.
Cuidado con el escalón.

Step to the rear.
Step tu zda ríer.
Vaya al final de la fila.

Please be quiet.
Plís bi kuáiet.
Guarde silencio, por favor.

Fasten your seat belts.
Fásen yur sit belts.
Abróchense los cinturones.

Stop!
Stop!
Deténgase/¡Alto!

Sit down.
Sét dáun.
Siéntese.

Stand up.
Stand áp.
De pie.

Leave your keys in the car.
Lív yur kís en zda car.
Deje sus llaves en el auto.

Letreros — Signs

Keep off the grass

Kip of zda gras
No pise el césped

Exact fare only

Eksákt fer óunli
Tarifa exacta únicamente

No food or beverages

Nóu fud or bévraches
No pase con alimentos ni
bebidas

Silence, please

Sáilens, plís
Silencio, por favor

Don't drink and drive

Dóunt drenk and dráiv
Si toma, no maneje

Don't feed the animals

Dóunt fid zdi ánimals
No dé de comer a los animales

Don't speak to the driver

Dóunt spík tu zda dráiver
No hable con el conductor

No smoking

Nóu smóuking
No fumar

INCENDIO

Fire

Fire!
Fáier!
¡Fuego!

Please call the firemen/the Fire Department.
Plís kol zda fáiermen/zda fáier dipártment.
Por favor, llame a los bomberos.

Operator, I'd like to report a fire on the second floor.
Operéitor, áid láik tu ripórt a fáier on zda sékond flor.
Operadora, quiero reportar un incendio en el segundo piso.

Keep calm.
Kip kalm.
Conserve la calma.

In case of fire, do not use elevators.
En kéis of fáier, du not iús élevéitors.
En caso de incendio, no use el elevador.

In case of fire, pull fire alarm

En kéis of fáier, pul fáier alárm
En caso de incendio, haga sonar la alarma

Phone for help

Fóun for jelp
Pida ayuda por teléfono

Fire Exit

Fáier éksit
Salida de emergencia

Break in case of fire

Bréik en kéis of fáier
Rómpase en caso de incendio

Pull in case of fire

Pul en kéis of fáier
Jale en caso de incendio

Use the stairs

Iús zda stérs
Baje por la escalera

Invitations

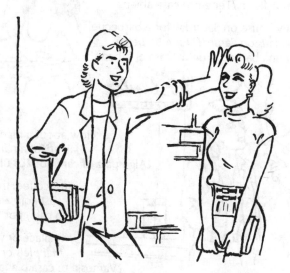

Would you like to have a cup of coffee?
Uúd yu láik tu jav a kap of kófi?
¿Quieres tomar una taza de café/un café?

Do you want to go to a party tomorrow?
Du yu uánt tu góu tu a pári tomárrou?
¿Quieres ir a una fiesta mañana?

Are you free for dinner tonight?
Ar yu frí for déner tunáit?
¿Estás libre para ir a cenar esta noche?

Are you busy this weekend?
Ar yu bísi zdes uíkend?
¿Estás ocupada(o) este fin de semana?

Can I buy you lunch?
Kan ái bái yu lanch?
Te invito a almorzar.

Something to drink?
Sómzding tu drenk?
¿Qué desea beber?

We're having an open house.
Uír jáving an óupen jáus.
Tenemos una fiesta./Tenemos casa abierta.

Come to my house on Saturday for a barbecue.
Kom tu mái jáus on Sárurdéi for a bárbekiú.
Te invito a una barbacoa en mi casa el sábado.

How about a nightcap?
Jáu abáut a náitkap?
¿Algo para el camino?/¿La última?

Just coffee, thanks.
Yast kófi, zdanks.
Sólo café, por favor.

My place or yours?
Mái pléis or yurs?
¿Vamos a tu casa o a la mía?

Thanks for your invitation.
Zdanks for yur envitéishon.
Gracias por invitarme.

I had a very good time.
Ái jad a véri gud táim.
La pasé muy bien.

Come back soon.
Kom bak sun.
Regresa/Regresen pronto.

JOYERÍA

Jewelry

How much are these earrings?
Jáu mach ar zdis írrings?
¿Cuánto cuestan esos aretes?

Is this real gold?
Es zdes ríal góuld?
¿Es oro puro?

Do you have anything in silver?
Du yu jav énizding en sélver?
¿Tiene algo de plata?

These are cultivated pearls.
Zdis are kóltivéited perls.
Son perlas cultivadas.

I lost my wedding ring.
Ái lost mái uéding reng.
Perdí mi anillo de boda.

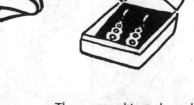

Can I see that bracelet, please?
Kan ái si zdad bréislet, plís?
¿Puede enseñarme esa pulsera, por favor?

Can you repair this watch?
Kan yu ripér zdes uátch?
¿Puede componer este reloj?

I need —— for a young lady/a boy.
Ái nid —— for a yong léidi/a bói.
Necesito —— para una jovencita/un niño.

He gave me a beautiful necklace/pendant for my birthday.
Ji guéiv mi a biúriful nékles/péndant for mái bérzdéi.
Me regaló un collar/un medallón precioso para mi cumpleaños.

JUGUETES

Do you sell toys here?
Du yu sel tóis jíer?
¿Venden juguetes aquí?

Do you have electronic trains?
Du yu jav elektrónik tréins?
¿Tiene trenes electrónicos?

What do you recommend for a five year old boy?
Juát du yu rékomend for a fáiv yíer óuld bói?
¿Qué me recomienda para un niño de cinco años?

How does this work?
Jáu dos zdes uérk?
¿Cómo funciona esto?

Does it work with batteries?
Dos et uérk uízd báreris?
¿Funciona con baterías?

What other kind of dolls do you have?
Juát ózder káind of dals du yu jav?
¿Qué otro tipo de muñecas tiene?

I'd like a bigger ball.
Áid láik a bíguer bol.
Me gustaría una pelota más grande.

Do you have toy clocks?
Du yu jav tói kloks?
¿Tiene relojes de juguete?

When will you have —— ?
Juén uíl yu jav —— ?
¿Cuándo tendrán —— ?

Where are the video games?
Juér ar zda vídeo guéims?
¿Dónde están los juegos de vídeo?

How much is that bycicle?
Jáu mach es zdad báisikl?
¿Cuánto cuesta esa bicicleta?

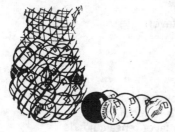

We've run out of marbles.
Uív ran áut of márbls.
Se terminaron las canicas.

May I see that, please?
Méi ái si zdad, plís?
¿Me muestra eso, por favor?

LAVANDERÍA

Laundry

I'd like these clothes washed, please.
Áid láik zdis klóuds uáshd, plís.
Quiero que laven esta ropa, por favor.

When will they be ready?
Juén uíl zdéi bi rédi?
¿Cuándo estará lista?

This garment is easily damaged, please be careful.
Zdes gárment es ísili dámachd, plís bi kérful.
Esta prenda es muy delicada, por favor tenga cuidado.

Is my laundry ready?
Es mái lóndri rédi?
¿Está lista mi ropa?

LETREROS

DANGER *Déinyer* PELIGRO	**STOP** *Stop* ALTO
NO SMOKING *Nóu smóuking* NO FUMAR/PROHIBIDO FUMAR	**BAGGAGE CLAIM** *Bágach kléim* Entrega de equipaje
ENTRANCE *Éntrans* ENTRADA	**EXIT** *Éksit* SALIDA
ELEVATOR *Élevéitor* ELEVADOR	**GATE** *Guéit* SALA/PUERTA
OPEN *Óupen* ABIERTO	**CLOSED** *Klóusd* CERRADO

LADIES	GENTLEMEN
Léidis DAMAS	*Yéntlmen* CABALLEROS

PUSH	PULL
Push EMPUJE	*Pul* JALE

VACANT	OCCUPIED
Véikant LIBRE	*Ókiupáid* OCUPADO

CAUTION	EMERGENCY EXIT
Kóshon CUIDADO	*Eméryensi éksit* SALIDA DE EMERGENCIA

PLEASE RING	WATCH YOUR STEP
Plís reng POR FAVOR TOQUE EL TIMBRE	*Uátch yur step* ¡CUIDADO! PISE CON CUIDADO

MÁQUINAS AUTOMÁTICAS
Automatic machines

Letreros — Signs

Pull handle

Pul jándl
Jale la manija

Insert coin

Insert kóin
Inserte la moneda

Coin return

Kóin ritérn
Devolución de monedas

Use dimes and quarters only

Iús dáims and kuárers oúnli
Use sólo monedas de diez y
de veinticinco centavos

Push button

Push bátn
Oprima el botón

Out of order

Aut of órder
Fuera de servicio/No funciona

MATERIALES
Materials

Do you have anything in cotton?
Du yu jav énizding en kátn?
¿Tiene algo de algodón?

Could you show me a woolen jacket, please?
Kud yu shóu mi a uúlen yáket, plís?
¿Me puede mostrar un saco de lana, por favor?

Do you have a paper bag?
Du yu jav a péiper bag?
¿Tiene una bolsa de papel?

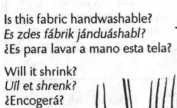

This velvet jacket looks very neat.
Zdes vélvet yáket lúks véri nít.
Este saco de terciopelo luce mucho.

Is that silk?
Es zdad selk?
¿Es seda?

Is this fabric handwashable?
Es zdes fábrik jánduáshabl?
¿Es para lavar a mano esta tela?

Will it shrink?
Uíl et shrenk?
¿Encogerá?

I don't like linen, it wrinkles a lot.
Ái dóunt láik lénen, et rénkls a lat.
No me gusta el lino, se arruga mucho.

Is it made of wood?
Es et méid of uúd?
¿Es de madera?

May I see that leather handbag?
Méi ái si zdad lézder jándbag?
¿Puedo ver esa bolsa de piel?

Marble bathrooms are very elegant.
Márbl bázdrrums ar véri élegant.
Los baños de mármol son elegantes.

I'd like to buy a brass/copper/silver/stainless steel candlestick.
Áid láik tu bái a bras/kóper/sélver/stéinles stil/kándlstik.
Quiero comprar un candelabro de latón/cobre/plata/acero inoxidable.

This is made of plastic.
Zdes es méid of plástik.
Esto es de plástico.

MÉDICO

Doctor

Can you get me a doctor, please?
Kan yu guét mi a dáktor, plís?
¿Puede llamar a un médico, por favor?

I don't feel well.
Ái dóunt fil uél.
No me siento bien.

I have a terrible stomach ache/headache.
Ái jav a térribl stómak éik/jedéik.
Tengo un fuerte dolor de estómago/de cabeza.

I've lost my apetite.
Áiv lost mái ápetáit.
He perdido el apetito.

I feel sleepy all day./I don't sleep well.
Ái fil slípi ol déi./Ái dóunt slíp uél.
Estoy somnoliento todo el día./No duermo bien.

I have diarrhea/a fever.
Ái jav dáiarría/a fíver.
Tengo diarrea/fiebre.

Open your mouth.
Óupen yur máuzd.
Abra la boca.

Does it hurt?
Das et jert?
¿Le duele aquí?

Where else does it hurt?
Juér els das et jert?
¿En dónde más le duele?

Do you sleep well?
Du yu slíp uél?
¿Duerme bien?

Take one pill every six hours.
Téik uán pel évri seks áuers.
Tome una píldora cada seis horas.

I'll see you in a week.
Áil si yu en a uík.
Regrese la semana próxima.

MESES

Months

It's very cold in January.
Ets véri kóuld en Yánuari.
Hace mucho frío en enero.

It usually snows in February.
Et íushuali snóus en Fébruari.
Generalmente nieva en febrero.

It's not too cold in March.
Ets not tu kóuld en March.
No hace mucho frío en marzo.

The weather is very nice in April and May.
Zdi uézder es véri náis en Áipril and Méi.
El tiempo es muy agradable en abril y mayo.

It often rains in June and July.
Et ófen réins en Yun and Yulái.
Llueve con frecuencia en junio y en julio.

People usually go out on vacation in August and September.
Pípl íushuali góu áut on vakéishon en Ógost and Septémber.
La gente generalmente sale de vacaciones en agosto y septiembre.

The field looks red and yellow in October.
Zda fild luks red and yélou en Októuber.
El campo se ve rojo y amarillo en octubre.

November and December are the last two months of the year.
Nouvémber and Disémber ar zda last tu monzds of zdi yíer.
Noviembre y diciembre son los dos últimos meses del año.

MIGRACIÓN
Immigration

Your passport, please.
Yur pásport, plís.
Su pasaporte, por favor.

Here's my passport.
Jíers mái pásport.
Aquí está mi pasaporte.

How long will you be staying?
Jáu long uíl yu bi stéing?
¿Cuánto tiempo permanecerá aquí?

I'll stay here for a week.
Áil stéi jíer for a uík.
Me quedaré aquí una semana.

I'm here on holiday/business.
Áim jíer on jálidéi/bísnes.
Vengo de vacaciones/de negocios.

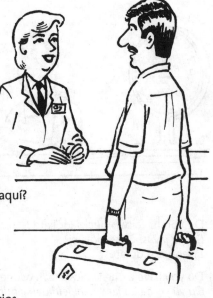

I'm sorry, I don't understand.
Áim sórri, ái dóunt ánderstand.
Lo siento, no entiendo.

Letreros — Signs

Have all your documents ready	Stand behind the yellow line
Jav ol yur dókiuments rédi Tenga listos todos sus documentos	*Stand bijáind zda yélou láin* Permanezca detrás de la línea amarilla

MONEDA DE ESTADOS UNIDOS
U.S. currency

Do you have two bucks (dollars)?
Du yu jav tu boks (dólars)?
¿Tiene dos dólares?

Do you have a one/five/twenty/fifty/one hundred dollar bill?
Du yu jav a uán/fáiv/tuéni/féfti/uán jándred dólar bil?
¿Tiene un billete de un dólar/de cinco/veinte/cincuenta/cien dólares?

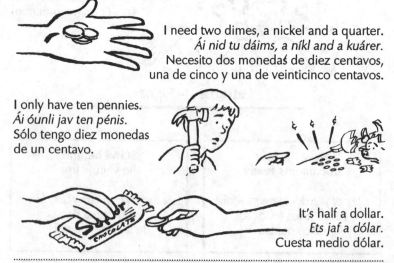

I need two dimes, a nickel and a quarter.
Ái nid tu dáims, a níkl and a kuárer.
Necesito dos monedas de diez centavos,
una de cinco y una de veinticinco centavos.

I only have ten pennies.
Ái óunli jav ten pénis.
Sólo tengo diez monedas
de un centavo.

It's half a dollar.
Ets jaf a dólar.
Cuesta medio dólar.

MUEBLES
Furniture

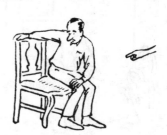

Don't sit on that chair, it's broken.
Dóunt set on zdad cher, ets bróuken.
No te sientes en esa silla, está rota.

Could you show me a single/double bed, please?
Kud yu shóu mi a séngl/dóbl bed, plís?
¿Me puede mostrar una cama individual/matrimonial, por favor?

I need a sofa/an armchair/a night table/a studio couch.
Ái nid a sóufa/an ármcher/a náit téibol/a studio káuch.
Necesito un sofá/un sillón/un buró/un sofá cama.

The garden furniture is in the basement.
Zda gárden férnichur es en zda béisment.
Los muebles para jardín están en el sótano.

Please set the table.
Plís set zda téibl.
Pon la mesa, por favor.

The hotel room has beautiful furniture.
Zda joutél rum jas bíuriful férnichur.
El cuarto del hotel tiene unos muebles muy bonitos.

All the desks in the office are made of oak.
Ol zda desks in zdi ófis ar méid of óuk.
Todos los escritorios de la oficina son de roble.

I want to buy a chest of drawers.
Ái uánt tu bái a chest of dróers.
Quiero comprar una cómoda con cajones.

They need a living room/dining room/bedroom set.
Zdéi nid a léving rum/dáining rum/bédrum set.
Necesitan un juego de sala/comedor/recámara.

MUSEOS
Museums

How much is the entrance fee?
Jáu mach es zdi éntrans fi?
¿Cuánto cuesta la entrada?

What time does the museum close?
Juát táim das zda miusíum klóus?
¿A qué hora cierra el museo?

Is it open on Sundays?
Es et óupen on sándeis?
¿Está abierto los domingos?

Do you need a guide?
Du yu nid a gáid?
¿Necesita un guía?

Do you have a guidebook in Spanish?
Du yu jav a gáidbuk en Spánish?
¿Tiene guías en español?

I'd like to buy a catalogue.
Áid láik tu bái a káralog.
Quisiera comprar un catálogo.

Taking pictures is not allowed.
Téiking pékchurs es not aláud.
No se permite tomar fotografías.

Letreros — Signs

Guide service available	No flashlights
Gáid sérvis avéilabl Servicio de guías	*Nóu flashláits* No use flash

MÚSICA

Music

Do you like rock?
Du yu láik rak?
¿Te gusta el rock?

Let's go to the concert.
Lets góu tu zda kónsert.
Vamos al concierto.

I love soft music/classical music.
Ái lav soft míusik/klásikal míusik.
Me encanta la música suave/la música clásica.

Can you play the guitar/violin/some instrument?
Kan yu pléi zda guitár/váiolin/som énstrument?
¿Sabes tocar la guitarra/el violín/algún instrumento?

The conductor is excellent.
Zda kondóktor es ékselent.
El director es excelente.

This is a very good orchestra/singer/duet/pianist.
Zdes es a véri gud órkestra/sénguer/dúet/piánist.
Es una buena orquesta/un(a) buen(a) cantante/dueto/pianista.

I want to buy some cassettes/records/compact disks.
Ái uánt tu bái som kaséts/rékords/kómpakt desks.
Quiero comprar algunos casetes/discos compactos.

NÚMEROS

Numbers

I have five/two children.
Ái jav fáiv/tu chéldren.
Tengo cinco/dos hijos.

Please give me three ice creams.
Plís guév mi zdrí aís kríms.
Por favor, déme tres helados.

We have to buy a hundred envelopes.
Uí jav tu bái a jándred énveloups.
Tenemos que comprar cien sobres.

He lost his two suitcases.
Ji lost jis tu sútkéises.
Perdió sus dos maletas.

The apartment has four rooms.
Zdi apártment jas for rums.
El departamento tiene cuatro cuartos.

FOR RENT
4 ROOM
APARTMENT

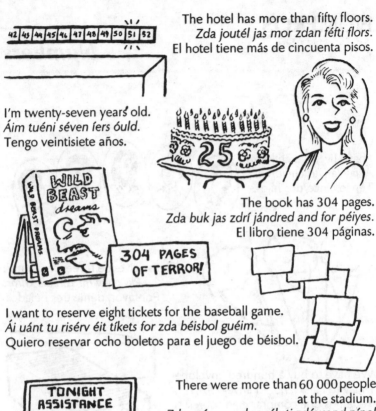

The hotel has more than fifty floors.
Zda joutél jas mor zdan féfti flors.
El hotel tiene más de cincuenta pisos.

I'm twenty-seven years old.
Áim tuéni séven íers óuld.
Tengo veintisiete años.

The book has 304 pages.
Zda buk jas zdrí jándred and for péiyes.
El libro tiene 304 páginas.

304 PAGES OF TERROR!

I want to reserve eight tickets for the baseball game.
Ái uánt tu risérv éit tíkets for zda béisbol guéim.
Quiero reservar ocho boletos para el juego de béisbol.

TONIGHT
ASSISTANCE
63, 227

There were more than 60 000 people
at the stadium.
*Zder uér mor dan séksti zdáusand pípol
at zda stéidium.*
Había más de sesenta mil personas
en el estadio.

LOCALS 18 PERIOD 2 VISITORS 06

$1,000.00

The plane ticket to xx is a thousand dollars.
Zda pléin tíket tu xx es a zdáusand dólars.
El boleto de avión a xx cuesta mil dólares.

the youngest airline!
GOLD WING

20,000,000!

Mexico City's population is 20 million people.
Méksiko Séris popiuléishon es tuéni mílion pípol.
La ciudad de México tiene 20 millones de habitantes.

OBJETOS PERDIDOS
Lost and found

Excuse me, ma'am, I think I left my bag here.
Ekskiús mi, mám, ái zdenk ái left mái bag jíer.
Disculpe, señora, creo que dejé mi bolsa aquí.

You have to go to the *Lost and Found* department.
Yu jav tu góu tu zda Lost and Fáund dipártment.
Tiene que ir al departamento de *Objetos Perdidos*.

What's your bag like?
Juáts yur bag láik?
¿Cómo es su bolsa?

It's a blue plastic bag.
Ets a blu plástik bag.
Es una bolsa azul de plástico.

Please describe it.
Plís diskráib et.
Descríbala, por favor.

It's big/small. It has long stripes and a zipper.
Ets beg/smol. Et jas long stráips and a zíper.
Es grande/chica. Tiene correas largas y un cierre.

Sorry, we don't have it. We'll let you know if it shows up.
Sórri, uí dóunt jav et. Uíl let yu nóu if et shóus ap.
Lo siento, no la tenemos. Le avisaremos si aparece.

Fill out this form, please.
Fel áut zdes form, plís.
Llene esta forma, por favor.

OCUPACIONES
Occupations

Mr. Smith's secretary is very efficient.
Méster Smezds sékretari es véri efíshent.
La secretaria del señor Smith es muy eficiente.

I need a plumber, something's wrong
with the faucet.
Ái níd a plámber, sámzdings rong uízd zda fóset.
Necesito un plomero, algo anda mal
en el fregadero.

Do you know a good mechanic/electrician/T.V. repairman?
Du yu nóu a gud mekánik/elektríshan/tí ví ripérman?
¿Conoce algún buen mecánico/electricista/técnico en televisores?

My brother is an engineer/a musician/a waiter.
Mái brózder es an enyeníer/a miusíshan/a uéirer.
Mi hermano es ingeniero/músico/mesero.

She's a very good cook/waitress/teacher/nurse.
Shis a véri gud kuk/uéitres/tícher/ners.
Es buena cocinera/mesera/maestra/enfermera.

OFICINA
Office

Good morning, may I help you?
Gud mórning, méi ái jelp yu?
Buenos días, ¿en qué puedo servirle?

I have an appointment with —— .
Ái jav an apóintment uízd —— .
Tengo una cita con —— .

Excuse me, I need to talk to Ms. —— .
Ekskiús mi, ái nid tu tok tu Mes —— .
Disculpe, necesito hablar con la Sra. (Srita.) —— .

Sorry, —— is busy/is in a meeting.
Sórri, —— es bísi/es en a míting.
Lo siento, —— está ocupado(a)/está en una junta.

Please sit down. Mr. xx will see you in a moment.
Plís set dáun. Méster xx uíl si yu en a móument.
Siéntese, por favor, el señor xx lo recibirá en un momento.

Ask —— to come in.
Ask —— tu kom en.
Dígale a —— que pase.

Please come to my office tomorrow.
Plís kom tu mái ófis tumárrou.
Por favor, venga a mi oficina mañana.

Please come in.
Plís kom en.
Pase, por favor.

PARQUE DE DIVERSIONES
Amusement park

Two tickets for the roller coaster, please.
Tu tíkets for zda róler kóuster, plís.
Dos boletos para la montaña rusa, por favor.

Where's the merry-go-round/wheel of fortune?
Juérs zda mérri góu ráund/juíl of fórchun?
¿Dónde está el tiovivo (carrusel)/la rueda de la fortuna?

Where are the restrooms?
Juér ar zda réstrums?
¿Dónde están los baños?

Are there any restaurants/coffee shops here?
Ar zder éni réstorants/kófi shops jíer?
Disculpe, ¿hay algún restaurante o cafetería aquí?

Where's the parking lot?
Juérs zda párkin lot?
¿Dónde está el estacionamiento?

PASATIEMPOS

Hobbies

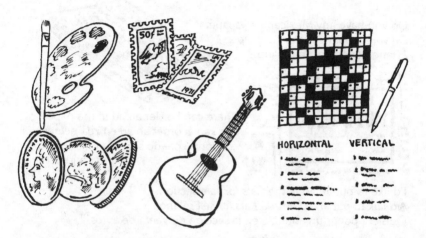

I like music/photography/painting.
Ái láik míusik/fotógrafi/péinting.
Me gusta la música/la fotografía/la pintura.

My father collects stamps/coins.
Mái fázder kolékts stamps/kóins.
Mi padre colecciona timbres postales/monedas.

I enjoy crossword puzzles.
Ái enyói krósuerd pásls.
Me divierte resolver crucigramas.

I go dancing every weekend.
Ái góu dánsing évri uíkend.
Voy a bailar todos los fines de semana.

I'm going to a concert/the theater on Friday.
Áim góing tu a kónsert/zda zdíarer on Fráidéi.
Voy a un concierto/al teatro el viernes.

I spend my vacations hiking and camping.
Ái spend mái vakéishons jáiking and kámping.
Paso mis vacaciones de excursión, acampando.

PERIÓDICO
Newspaper

Do you have any Mexican newspapers?
Du yu jav éni Méksikan niuspéipers?
¿Tiene periódicos mexicanos?

Where can I order an ad in the paper?
Juér kan ái órder an ad en zda péiper?
¿Dónde puedo solicitar un anuncio
en el periódico?

I'd like to put an ad in the *Cars for sale* section.
Áid láik tu put an ad en zda Kars for séil sékshon.
Quisiera poner un anuncio en la sección de *Venta de autos.*

Can you lend me your paper?
Kan yu lend mi yur péiper?
¿Me presta su periódico?

When buying the paper:
Para comprar el periódico:

**Insert coin,
lift cover**

Insert kóin, left kóver
Inserte una moneda,
levante la tapa

PESOS Y MEDIDAS
Weights and measures

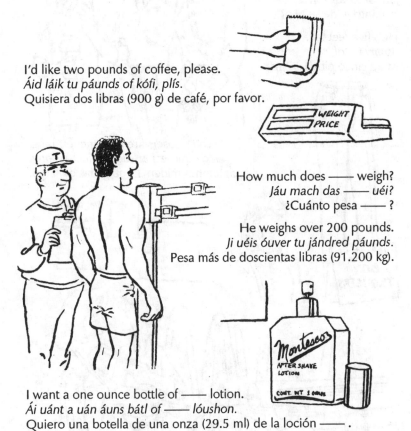

I'd like two pounds of coffee, please.
Áid láik tu páunds of kófi, plís.
Quisiera dos libras (900 g) de café, por favor.

How much does —— weigh?
Jáu mach das —— uéi?
¿Cuánto pesa —— ?

He weighs over 200 pounds.
Ji uéis óuver tu jándred páunds.
Pesa más de doscientas libras (91.200 kg).

I want a one ounce bottle of —— lotion.
Ái uánt a uán áuns bátl of —— lóushon.
Quiero una botella de una onza (29.5 ml) de la loción —— .

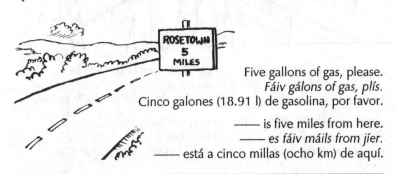

Five gallons of gas, please.
Fáiv gálons of gas, plís.
Cinco galones (18.91 l) de gasolina, por favor.

—— is five miles from here.
—— es fáiv máils from jíer.
—— está a cinco millas (ocho km) de aquí.

How big is your table?
Jáu beg es yur téibl?
¿De qué tamaño es su mesa?

How tall is your son?
Jáu tol es yur son?
¿Cuánto mide su hijo?

He's five feet tall.
Jis fáiv fit tol.
Mide cinco pies/1.52 m.

The trousers are 32" (inches) long.
Zda tráusers ar sdéri tu ínches long.
Los pantalones miden 32 pulgadas de largo.

24" x 32" BOY TROUSERS

CURTAIN FABRICS

COTTON FABRICS

I need a tablecloth, 1.50 m (1.6 yards) by 1 m (1.09 yards).
Ái níd a téiblklozd, uán féfti bái uán míters.
Necesito un mantel de 1.50 m (1.6 yardas) por 1 m (1.09 yardas).

Please give me 2 yards of that red cotton fabric.
Plís guév mi tu yards of zdad red kátn fábrik.
Por favor, déme 2 yardas (1.82 m) de esa tela de algodón roja.

PRODUCTOS DE BELLEZA
Beauty accessories

What kind of perfume/nail polish do you prefer?
Juát káind of pérfium/néil pólish du yu prifér?
¿Qué tipo de perfume/barniz de uñas prefiere?

I'd like a bottle of —— lotion.
Áid láik a bátl of —— lóushon.
Quiero una loción —— .

Do you have xx after shave lotion?
Du yu jav xx áfter shéiv lóushon?
¿Tiene la loción xx para después de afeitarse?

May I have a hand and body lotion, please?
Méi ái jav a jand and bádi lóushon, plís?
¿Me da una crema para manos y cuerpo, por favor?

May I see those lipsticks/eye pencils/eye shadows?
Méi ái si zdóus lépsteks/ái pénsels/ái shádous?
Muéstreme esos lápices de labios/delineadores/
sombras para los ojos, por favor.

Do you have these —— in red/pink/orange?
Du yu jav zdis —— en red/penk/óranch?
¿Tiene éstos —— en rojo/rosa/naranja?

Please give me a comb and a hair dryer.
Plís guév mi a kóumb and a jer dráier.
Déme un peine y una secadora de pelo.

I need a shampoo/rinse for dry hair and a hair spray.
Ái nid a shampú/rins for drái jer and a jer spréi.
Necesito un champú/enjuague para cabello seco y laca.

What face cream do you recommend for oily skin?
Juát féis krím du yu rékomend for óili sken?
¿Qué crema facial recomienda para piel grasosa?

QUEJAS
Complaints

This glass is dirty.
Zdes glas es déri.
Este vaso está sucio.

The coffee is cold.
Zda kófi es kóuld.
El café está frío.

This isn't what I ordered.
Zdes ésnt juát ái órderd.
Esto no es lo que ordené.

You have overcharged me. I want a refund.
Yu jav óuvercharchd mi. Ái uánt a rífond.
Me cobró de más, deseo un reembolso.

My room is too noisy.
Mái rum es tu nóisi.
Mi habitación es muy ruidosa.

They haven't made up my room yet.
Zdéi jávnt máid ap mái rum yet.
No han hecho mi habitación aún.

This doesn't work, I want to return it.
Zdes dósnt uérk, ái uánt tu ritérn et.
Esto no funciona, quiero devolverlo.

This is too expensive.
Zdes es tu ekspénsiv.
Es demasiado caro.

You are a pain in the neck!
Yu ar a péin en zda nek!
¡Eres insoportable!

Don't bother me!
Dóunt bázder mi!
¡No me molestes!

Can you help me, please? Nobody has.
Kan yu jelp mi, plís? Nóubadi jas.
¿Puede atenderme, por favor?
Nadie me ha hecho caso.

95

RADIO

Let's listen to the news.
Lets lésen tu zda niús.
Vamos a oír las noticias.

This radio works with batteries.
Zdes réidiou uérks uízd báreris.
Este radio funciona con baterías.

This radio doesn't work.
Zdes réidiou dósnt uérk.
Este radio está descompuesto.

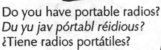

Can you show me a radio with an alarm clock, please?
Kan yu shóu mi a réidiou uízd an alarm klok, plís?
¿Puede enseñarme un radio con reloj despertador?

Do you have portable radios?
Du yu jav pórtabl réidious?
¿Tiene radios portátiles?

RECIPIENTES

Containers

Can you carry this bag of groceries?
Kan yu kárri zdes bag of gróseris?
¿Puede cargar esta bolsa de abarrotes?

A box of chocolates, please.
A baks of chákleits, plís.
Una caja de chocolates, por favor.

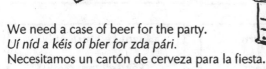

A carton of milk, please.
A kártn of melk, plís.
Un litro de leche, por favor.

Please give me a can of evaporated milk.
Plís guév mi á kan of evaporéited melk.
Por favor, déme una lata de leche evaporada.

We need a case of beer for the party.
Uí níd a kéis of bíer for zda pári.
Necesitamos un cartón de cerveza para la fiesta.

I received a package in the mail.
Ái risívd a pákach en zda méil.
Recibí un paquete por correo.

I brought you a bottle of wine.
Ái brot yu a bátl of uáin.
Te traje una botella de vino.

97

REGLAMENTOS DE TRÁNSITO
Traffic rules

Use your seat belt *Iús yur sít belt* Use el cinturón de seguridad	**Yield** *Yild* Ceda el paso
Don't walk *Dóunt uók* No cruce	**No parking** *Nóu párkin* Prohibido estacionarse
Speed limit: —— *Spid lémet: ——* Velocidad máxima: ——	**One way street** *Uán uéi strít* Calle de un solo sentido
No right/left turn *Nóu ráit/left tern* No hay vuelta a la derecha/a la izquierda	**Right/Left turn only** *Ráit/Left tern óunli* Vuelta a la derecha/a la izquierda solamente
Walk *Uók* Cruce	**Use right lane only** *Iús ráit léin óunli* Conserve su derecha

RENTA DE AUTOMÓVIL
Car rental

CAR RENTAL SERVICE

I want to rent a car.
Ái uánt tu rent a kar.
Quiero rentar un auto.

What kind of car do you want?
Juát káind of kar du yu uánt?
¿Qué tipo de auto quiere?

I want a medium sized/a small/a large car.
Ái uánt a mídium sáisd/a smoll/a larch kar.
Quiero un auto mediano/pequeño/grande.

What's the daily/weekly rate?
Juáts zda déili/uíkli réit?
¿Cuál es la tarifa diaria/semanal?

Is mileage/insurance included?
Es máileach/enshúrans enklúded?
¿Está incluido el millaje/el seguro?

May I have your driver's license?
Méi ái jav yur dráivers láisens?
¿Puedo ver su licencia de manejo?

Where can I return the car?
Juér kan ái ritérn zda kar?
¿Dónde puedo regresar el auto?

In case of accident, call ——— .
En kéis of áksident, kol ——— .
En caso de accidente, llame a ——— .

Do you have a map of the city and the sorrounding areas?
Du yu jav a map of zda séri and zda sorráunding érias?
¿Tiene un mapa de la ciudad y los alrededores?

RESTAURANTE

Restaurant

Good morning. Would you like some coffee?
Gud mórning. Uúd yu láik som kófi?
Buenos días, ¿gusta café?

Yes, please.
Yes, plís.
Sí, por favor.

Cream and sugar?
Krím and shúgar?
¿Crema y azúcar?

No, black, please.
Nóu, blak, plís.
No, solo, por favor.

May I see the menu?
Méi ái si zda méniu?
¿Puedo ver el menú?

I'd like some scrambled/fried/poached/
soft boiled 3-minute eggs with bacon/ham/sausage.
Aid láik som skrámbld/fráid/póuchd/
soft bóild zdrí-mínut egs uízd béikon/jam/sósayes.
Quiero huevos revueltos/fritos/poché/
tibios tres minutos con tocino/jamón/salchichas.

Would you like some toast?
Uúd yu láik som tóust?
¿Quiere pan tostado?

Yes, and some orange marmelade/plum jam.
Yés, and som óranch mármelad/plom yam.
Sí, y mermelada de naranja/jalea de ciruela.

I want pancakes with honey/syrup.
Ái uánt pánkéiks uízd jáni/sáirop.
Quiero panqueques (*hot cakes*) con miel/jarabe.

Just a fruit salad, please.
Yost a frut sálad, plís.
Sólo ensalada de fruta, por favor.

Bring me some more coffee, please.
Breng mi som mor kófi, plís.
Por favor, déme más café.

Give me some orange/grapefruit/apple juice.
Guév mi som óranch/gréipfrut/ápl yus.
Déme jugo de naranja/toronja/manzana.

I'd like fried eggs, sunny side up/over.
Áid láik fráid egs, sáni sáid ap/óuver.
Quiero huevos fritos (estrellados)/
con la yema bien cocida.

Is that all?
Es zdad ol?
¿Es todo?

Could you bring me some black/mint tea?
Kud yu breng mi som black/ment tí?
¿Puede traerme un té negro/de yerbabuena?

Are you ready to order?
Ar yu rédi tu órder?
¿Desea ordenar?

Can I take your order?
Kan ái téik yur órder?
¿Puedo tomar su orden?

What's today's special?
Juáts tudéis spéshal?
¿Cuál es la especialidad del día?

It's ——— .
Ets ——— .
Es ——— .

I'd like something light.
Áid láik sómzding láit.
Quiero algo ligero.

A green salad/A mixed salad.
A grín sálad/A meksd sálad.
Ensalada verde/Ensalada mixta.

How do you want your steak?
Jáu du yu uánt yur stéik?
¿Cómo quiere el filete?

Rare/Medium well/Well done.
Rer/Mídium uél/Uél don.
Crudo/Término medio/Bien cocido.

What do you want with it, mashed or baked potatoes?
Juát du yu uánt uízd et, máshd or béikt potéirous?
¿Qué quiere de guarnición, puré de papa o papa al horno?

French fries, please.
French fráis, plís.
Papas a la francesa, por favor.

A chicken salad sandwich and a cup of coffee.
A chíken sálad sánduich and a kap of kófi.
Un sandwich de ensalada de pollo y un café.

Fried chicken with peas and carrots.
Fráid chíken uízd pís and kárrots.
Pollo frito con chícharos y zanahorias.

Something to drink?
Sómzding tu drenk?
¿Algo de beber?

Mineral water/Ice tea/A soft drink/A beer.
Méneral uórer/áis ti/a soft drénk/a bíer.
Agua mineral/Té helado/Un refresco/Una cerveza.

Would you like some soup?
Uúd yu láik som sup?
¿Quiere sopa?

Chicken broth/Tomato soup/Noodle soup.
Chíken brazd/Toméirou sup/Núdl sup.
Caldo de pollo/Sopa de tomate/Sopa de fideos.

What do you suggest?
Juát du yu soyést?
¿Qué me sugiere?

The trout is excellent.
Zda tráut es ekselent.
La trucha está muy buena.

Alright, I'll have that.
Olráit, áil jav zdad.
Está bien, tráigamela.

Any dessert?
Eni disért?
¿Algún postre?

Strawberries and cream/Chocolate cake/Vanilla ice cream.
Stróberris and krím/Chákleit kéik/Vanéla áis krím.
Fresas con crema/Pastel de chocolate/Helado de vainilla.

Would you like some wine with your meal?
Uúd yu láik som uáin uízd yur míl?
¿Desea vino con su comida?

Two glasses of white wine/red wine, please.
Tu gláses of juáit uáin/red uáin, plís.
Dos copas de vino blanco/vino tinto, por favor.

Will that be all?
Uíl zdad bi ol?
¿Es todo?

Enjoy your dinner.
Enyói yur déner.
Buen provecho.

Can I have/May I have the bill, please?
Kan ái jav/Méi ái jav zda bil, plís?
¿Me puede dar la cuenta, por favor?

Is/Was everything alright?
Es/Uós évrizding ólráit?
¿Está/Estuvo todo bien?

Thank you, come again.
Zdenk yu, kom aguén.
Gracias, esperamos que vuelva pronto.

A large hamburger/cheeseburger, please.
A larch jámbérguer/chísbérguer, plís.
Una hamburguesa/hamburguesa
con queso grande, por favor.

Do you have hot dogs?
Du yu jav jat dags?
¿Tiene perros calientes?

REVISTAS
Magazines

Where can I get some magazines?
Juér kan ái guét som mágazins?
¿Dónde puedo conseguir revistas?

Excuse me, do you have Vogue magazine?
Ekskiús mi, du yu jav Vog mágazin?
Disculpe, ¿tiene la revista Vogue?

Do you sell magazines in Spanish?
Du yu sel mágazins en Spánish?
¿Vende revistas en español?

You can buy magazines at the gift shop.
Yu kan bái mágazins at zda guéft shop.
Puede comprar revistas en la tienda de regalos.

I'd like some magazines with patterns.
Áid láik som mágazins uízd páterns.
Quiero unas revistas con patrones (para costura).

ROPA

Clothes

I have to buy a white shirt.
Ái jav tu bái a juáit shert.
Necesito comprar una camisa blanca.

Where can I buy a pair of woolen gloves?
Juér kan ái bái a per of uúlen glóuvs?
¿Dónde puedo comprar unos guantes de lana?

I want to see some brown/black/grey slacks.
Ái uánt tu si som bráun/blak/gréi slaks.
Me gustaría ver unos pantalones café/negros/grises.

Do you have light suits/heavy suits?
Du yu jav láit suts/jévi suts?
¿Tiene trajes de tela delgada/de tela gruesa?

Are those T-shirts/sweat shirts/swimming suits on sale?
Ar zdóus ti sherts/suét sherts/suíming suts on séil?
¿Están en barata esas camisetas/sudaderas/esos trajes de baño?

Do you have navy blue slips/half slips/nightgowns?
Du yu jav néivi blu sleps/jaf sleps/náitgáuns?
¿Tiene fondos/medios fondos/camisones azul marino?

Do you have extra large jackets?
Du yu jav ékstra larch yákets?
¿Tiene sacos extra grandes?

Do you have a larger/smaller size?
Du yu jav a láryer/smóler sáis?
¿Tiene una talla más grande/más chica?

These ties are made of silk.
Zdis táis ar méid of selk.
Estas corbatas son de seda.

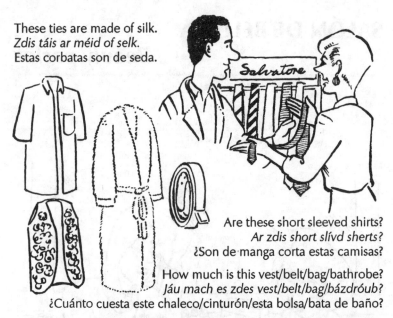

Are these short sleeved shirts?
Ar zdis short slívd sherts?
¿Son de manga corta estas camisas?

How much is this vest/belt/bag/bathrobe?
Jáu mach es zdes vest/belt/bag/bázdróub?
¿Cuánto cuesta este chaleco/cinturón/esta bolsa/bata de baño?

I'd like to try on that white blouse with the round collar.
Áid láik tu trái on zdad juáit bláus uízd zda ráund kólar.
Me gustaría probarme esa blusa blanca con cuello redondo.

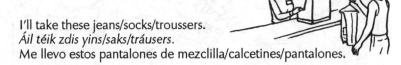

I'll take these jeans/socks/troussers.
Áil téik zdis yins/saks/tráusers.
Me llevo estos pantalones de mezclilla/calcetines/pantalones.

We have dresses, skirts and blouses on sale.
Uí jav dréses, skerts and bláuses on séil.
Los vestidos, faldas y blusas están en barata.

I'd like to return this shawl/these shorts.
Áid láik tu ritérn zdes shol/zdis shorts.
Quiero devolver este chal/estos pantalones cortos.

SALÓN DE BELLEZA

Beauty parlor

I want a haircut/a shampoo/a perm.
Ái uánt a jérkat/a shampú/a perm.
Quiero un corte de cabello/un champú/un permanente.

Not too short, please.
Not tu short, plís.
No demasiado corto, por favor.

Do you want a manicure/a pedicure?
Du yu uánt a mánikiur/a pédikiur?
¿Quiere que le arregle las uñas/los pies?

How much is a styling?
Jáu mach es a stáiling?
¿Cuánto cuesta el peinado?

SALUDOS Y PRESENTACIONES
Greetings and introductions

Hi!/Hello, how are you?
Jái/Jélou, jáu ar yu?
Hola, ¿cómo estás?

Fine, thank you, and you?
Fáin, zdenk yu, and yu?
Bien, gracias, ¿y usted/tú?

Good morning.
Gud mórning.
Buenos días.

Good afternoon.
Gud áfternun.
Buenas tardes.

Good evening.
Gud ívning.
Buenas noches (al saludar).

Good night.
Gud náit.
Buenas noches (al despedirse).

How do you do?, I'm ———.
Jáu du yu du, áim ———.
¿Qué tal?, soy ———.

Jack, this is ———.
Yak, zdes es ———.
Jack, ésta(e) es ———.
Te presento a ———.

Nice to meet you.
Náis tu mit yu.
Mucho gusto en conocerte.

I'd like you to meet my wife/my husband.
Áid láik yu tu mit mái uáif/mái jósband.
Quiero presentarte a mi esposa/mi esposo.

Pleased to meet you.
Plísd tu mit yu.
Encantada(o) de conocerte.

Hi! Nice to see you!
Jái! Náis tu si yu!
¡Hola! ¡Qué gusto de verte!

Hi! What's new?
Jái! Juáts niú?
¡Hola! ¿Qué cuentas?

What's your name?
Juáts yur néim?
¿Cómo te llamas?

Hi! My name is ———.
Jái! Mái néim es ———.
¡Hola! Me llamo ———.

SENTIMIENTOS

Feelings

I'm depressed/bored/happy/frightened.
Áim diprésd/boord/jápi/fráitend.
Estoy deprimida/aburrida/feliz/atemorizada.

I'm shy.
Áim shái.
Soy tímida(o).

I feel well/sick/bad.
Ái fil uél/sek/bad.
Me siento bien/enfermo(a)/mal.

I feel tired/exhausted.
Ái fil táierd/eksósted.
Estoy cansado/agotado.

I like you.
Ái láik yu.
Me caes bien.

I love you.
Ái lav yu.
Te quiero.

I hate him/her/you.
Ái jéit jim/jer/yu.
Lo odio/La odio/Te odio.

I'm scared.
Áim skerd.
Estoy asustado(a).

I'm feeling great/sad.
Áim fíling gréit/sad.
Me siento muy bien/triste.

Basketball is exciting.
Básketbol es eksáiting.
El baloncesto (*básquetbol*)
es emocionante.

My boss dislikes interruptions.
Mái bos disláiks interrópshons.
A mi jefe le disgustan las interrupciones.

I'm fond of him.
Áim fond of jim.
Lo aprecio.

She's so sweet.
Shis sóu suít.
Es tan tierna.

I don't like it.
Ái dóunt láik et.
No me gusta.

I miss you./I missed you.
Ái mes yu./Ái mesd yu.
Te extraño./Te extrañé.

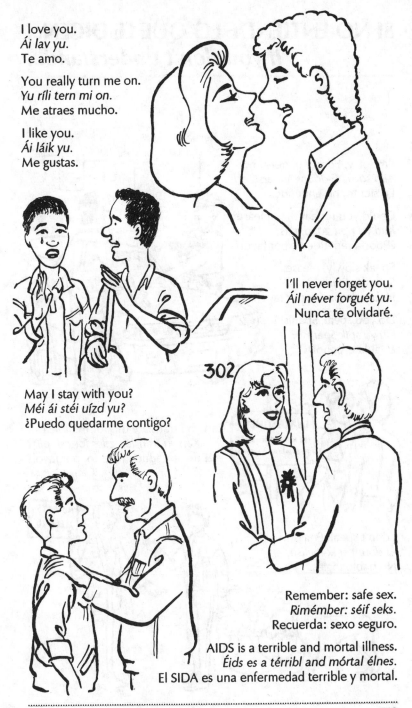

I love you.
Ái lav yu.
Te amo.

You really turn me on.
Yu ríli tern mi on.
Me atraes mucho.

I like you.
Ái láik yu.
Me gustas.

I'll never forget you.
Áil néver forguét yu.
Nunca te olvidaré.

May I stay with you?
Méi ái stéi uízd yu?
¿Puedo quedarme contigo?

Remember: safe sex.
Rimémber: séif seks.
Recuerda: sexo seguro.

AIDS is a terrible and mortal illness.
Éids es a térribl and mórtal élnes.
El SIDA es una enfermedad terrible y mortal.

113

SI NO ENTIENDE LO QUE LE DICEN...
If you don't understand...

I'm sorry, I don't understand.
Áim sórri, ái dóunt ánderstand.
Lo siento, no entiendo.

Could you repeat that, please?
Kud yu ripít zdad, plís?
¿Podría repetir eso, por favor?

Speak slowly, please.
Spík slóuli, plís.
Hable despacio, por favor.

Do you speak Spanish?
Du yu spík Spánish?
¿Habla español?

QUARANTINED
DO NOT EAT MUSSELS
FROM THESE WATERS

Can you translate this for me, please?
Kan yu transléit zdes for mi, plís?
¿Puede traducirme esto, por favor?

NO PETS
ALLOWED

I don't speak English.
Ái dóunt spík Ínglish.
No hablo inglés.

SUPERMERCADO

Supermarket

Where can I find a box of cereal?
Juér kan ái fáind a baks of sírial?
¿Dónde están los cereales?

Second aisle.
Sékond áil.
En el segundo pasillo.

Where are the soft drinks/the soups/the vegetables/the cookies?
Juér ar zda soft drénks/zda sups/zda véchtabls/zda kúkis?
¿Dónde están los refrescos/las sopas/las verduras/las galletas?

Where's the dairy section/the bread?
Juérs zda déiri sékshon/zda bred?
¿Dónde está el departamento de lácteos/el pan?

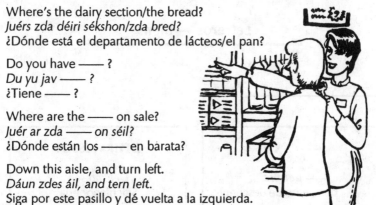

Do you have —— ?
Du yu jav —— ?
¿Tiene —— ?

Where are the —— on sale?
Juér ar zda —— on séil?
¿Dónde están los —— en barata?

Down this aisle, and turn left.
Dáun zdes áil, and tern left.
Siga por este pasillo y dé vuelta a la izquierda.

It's $ —— .
Ets —— .
Son $ —— .

Here you are.
Jiér yu ar.
Aquí tiene.

Thank you.
Zdenk yu.
Gracias.

Do you accept credit cards/personal checks?
Du yu aksépt krédit kards/pérsonal chéks?
¿Acepta tarjetas de crédito/cheques personales?

Please sign here.
Plis sáin jíer.
Firme aquí, por favor.

Yes, we do.
Yes, uí du.
Sí.

Letreros — Signs

—— % OFF	DELIKATESSEN
—— *persént of*	*Delikatésen*
—— por ciento de descuento	Salchichonería

TABAQUERÍA

Tobacconist

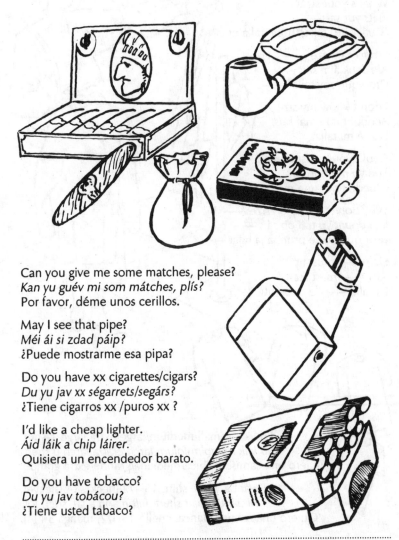

Can you give me some matches, please?
Kan yu guév mi som mátches, plís?
Por favor, déme unos cerillos.

May I see that pipe?
Méi ái si zdad páip?
¿Puede mostrarme esa pipa?

Do you have xx cigarettes/cigars?
Du yu jav xx ségarrets/segárs?
¿Tiene cigarros xx /puros xx ?

I'd like a cheap lighter.
Áid láik a chip láirer.
Quisiera un encendedor barato.

Do you have tobacco?
Du yu jav tobácou?
¿Tiene usted tabaco?

TALLAS

Sizes

What's your size?
Juáts yur sáis?
¿Cuál es tu talla?/¿Qué talla eres?

I think I'm size —— .
Ái zdenk áim sáis —— .
Creo que soy talla —— .

I don't know my size.
Ái dóunt nóu mái sáis.
No sé mi talla.

Could you measure me?
Kud yu méshur mi?
¿Puede tomarme medidas?

Why don't you try on size —— ?
Juái dóunt yu trái on sáis —— ?
¿Por qué no se prueba la talla —— ?

Size —— must fit.
Sáis —— mast fet.
La talla —— le debe quedar.

I'd like a small/medium/large/extra large T-shirt.
Áid láik a smol/mídium/larch/ékstra larch ti shert.
Quiero una camiseta chica/mediana/grande/extra grande.

I want a white shirt, 15 1/2 (neck), 34 (sleeve).
Ái uánt a juáit shert, feftín and a jaf, sdéri for.
Quiero una camisa blanca, cuello 15 1/2, manga 34 (4).

I need a larger/smaller size.
Ái nid a láryer/smóler sáis.
Necesito una talla más grande/más chica.

Do you have size —— petite?
Du yu jav sáis —— petít?
¿Tiene talla —— corta?

This is too big/too small.
Zdes es tu beg/tu smol.
Me queda grande/chico.

It's too long for me.
Ets tu lang for mi.
Me queda largo.

I'd like some black shoes, size 6.
Áid láik som blak shus, sáis seks.
Quiero unos zapatos negros, del número 6.

These shoes are too tight/loose.
Zdis shus ar tu táit/luús.
Estos zapatos me aprietan/me quedan flojos.

Do you have something wider/narrower?
Du yu jav sómzding uáider/nárrouer?
¿Tiene zapatos más anchos/angostos?

119

TAXI

Taxicab

Can you call a taxi, please?
Kan yu kol a táksi, plís?
¿Puede llamar un taxi, por favor?

How much is the fare to the downtown area?
Jáu mach es zda fer tu zda dáuntáun éria?
¿Cuál es la tarifa al centro?

To ——, please.
Tu ——, plís.
A ——, por favor.

How much is it?
Jáu mach es et?
¿Cuánto es?

Keep the change.
Kíp zda chéinch.
Quédese con el cambio.

Could you wait for me, please?
Kud yu uéit for mi, plís?
¿Puede esperarme, por favor?

Please pick me up at ——.
Plís pek mi ap at ——.
Por favor venga por mí a las ——.

TEATRO

I'd like to reserve two seats for Friday.
Áid láik tu risérv tu sits for Fráidéi.
Quiero reservar dos boletos para el viernes.

I'd like a seat in the middle.
Áid láik a sit en zda médl.
Quiero un asiento en el centro.

Are there any seats for tonight?
Ar zder éni sits for tunáit?
¿Hay lugares para hoy en la noche?

What time does the performance start?
Juát táim das zda perfórmans start?
¿A qué hora empieza la función?

May I have a program, please?
Méi ái jav a prógram, plís?
¿Puede darme un programa, por favor?

121

TELÉFONO

Telephone

May I use your phone?
Méi ái iús yur fóun?
¿Me permite usar su teléfono?

Do you have a telephone directory?
Du yu jav a télefoun dairéctori?
¿Tiene un directorio telefónico?

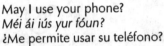

I want to make a collect call to México City.
Ái uánt tu méik a kolékt kol tu Méksikou Séri.
Quiero hacer una llamada por cobrar
a la ciudad de México.

I want to make a person to person call.
Ái uánt tu méik a pérson tu pérson kol.
Quiero una llamada de persona a persona.

I'd like to make a long distance call to ——— .
Áid láik tu méik a long déstans kol tu ——— .
Quiero hacer una llamada de larga distancia a ——— .

Your call is ready.
Yur kol es rédi.
Su llamada está lista.

You can dial direct.
Yu kan dáial dairékt.
Puede marcar directo.

Please call back.
Plís kol bak.
Por favor, llame de nuevo.

What's your phone number?
Juáts yur fóun námber?
¿Cuál es tu número telefónico?

I'll give you a call.
Áil guév yu a kol.
Te llamo.

I want to speak to ——.
Ái uánt tu spík tu ——.
¿Me comunica con —— ?

Hello! This is ——.
Jélou! Zdes es ——.
Bueno, habla ——.

Hold on, please.
Jóuld on, plís.
Espere, por favor.

Speak louder, please.
Spík láuder, plís.
Habla más fuerte, por favor.

Wrong number.
Rong námber.
Número equivocado.

I'm sorry, you've got the wrong number.
Áim sórri, yuv gat zda rong námber.
Lo siento, número equivocado.

Call me tomorrow.
Kol mi tumárrou.
Llámame mañana.

Public telephone:

Teléfono público:

Insert coin.
Insert kóin.
Inserte la(s) moneda(s).

Wait for dialing tone.
Uéit for dáialing tóun.
Espere el tono de marcar.

Dial the number you need.
Dáial zda námber yu nid.
Marque el número que necesita.

Coin return
Kóin ritérn
Devolución de monedas

TELÉGRAFO

Telegraph

I want to send a telegram to ——.
Ái uánt tu send a télegram tu ——.
Quiero enviar un telegrama a ——.

Please fill out this form.
Plís fel áut zdes form.
Llene esta forma.

How much is it per word?
Jáu mach es et per uérd?
¿Cuánto cuesta cada palabra?

Its ——.
Ets ——.
Es ——.

A telegram for you, sir/ma'am.
A télegram for yu, ser/mam.
Telegrama para usted, señor/señora.

Thank you.
Zdenk yu.
Gracias.

TELEVISIÓN

Television

Let's watch the news.
Lets uátch zda niús.
Veamos las noticias.

There's an interesting program on T.V. tonight.
Zders an éntresting prógram on tíví tunáit.
Hay un programa de televisión interesante hoy por la noche.

The —— tennis tournament will be on at ——.
Zda —— ténis térnament uíl bi on at ——.
El torneo de tenis —— se televisará a las ——.

Letreros — Signs

Weather forecast	**Tonight's movie: ——**
Uézder fórcast Pronóstico del clima	*Tunáits múvi: ——* La película de hoy: ——

Stay tuned for ——	**Next program: ——**
Stéi tiúnd for —— Vea —— a continuación	*Nekst prógram: ——* Nuestro siguiente programa: ——

TIENDA/TIENDA DE DEPARTAMENTOS
Store/Department store

Where are the rugs/curtains/fabrics?
Juér ar zda rags/kértns/fábriks?
¿Dónde están las alfombras/cortinas/telas?

Where's the sports/women's/men's/furniture department?
Juérs zda sports/uímens/mens/férnicher dipártment?
¿Dónde está el departamento de deportes/de
damas/caballeros/muebles?

On the first/second floor./In the basement.
On zda ferst/sékond flor./En zda béisment.
En el primer/segundo piso./En el sótano.

I need some glasses/cups.
Ái nid som gláses/kaps.
Necesito unos vasos/unas tazas.

Could you help me, please? I want to see —— .
Kud yu jelp mi, plís? Ái uánt tu si —— .
¿Puede ayudarme? Quiero ver —— .

I'll take this lamp. How much does it cost?
Áil téik zdes lamp. Jáu mach das et kost?
Me llevo esta lámpara. ¿Cuánto cuesta?

It's —— . Cash or charge?
Ets —— . Kash or charch?
Cuesta —— . ¿En efectivo o a su cuenta?

I'd like to exchange this —— for another size/
another color/another article.
*Aid láik tu ekschéinch zdes —— for anózder sáis/
anózder kólor/anózder ártikl.*
Me gustaría cambiar este —— por otra talla/
otro color/otra cosa.

128

TIENDA DE FOTOGRAFÍA
Camera shop

I want a —— film, please.
Ái uánt a felm, plís.
Quiero un rollo —— , por favor.

36 or 24 exposures?
Zdéri seks or tuéni for ekspóushurs?
¿De 36 ó 24 exposiciones?

Can you show me that camera?
Kan yu shóu mi zdad kámera?
¿Me muestra esa cámara?

How much is it?
Jáu mach es et?
¿Cuánto cuesta?

I want this film developed, please.
Ái uánt zdes felm divélopd, plís.
Quiero que me revele este rollo, por favor.

When can I pick it up?
Juén kan ái pek et ap?
¿Cuándo lo puedo recoger?

Tomorrow./Next week./Next Monday/Tuesday, etc.
Tumárrou./Nekst uík./Nekst Mándéi/Tiúsdéi, etc.
Mañana./La semana próxima./El próximo lunes/martes, etc.

TIENDA DE REGALOS
Gift shop

May I help you?
Méi ái jelp yu?
¿Le puedo ayudar?

I'd like to see some scarves.
Áid láik tu si som skárvs.
Quisiera ver unas pañoletas.

How much are the frames?
Jáu mach ar zda fréims?
¿Cuánto cuestan los marcos para fotos?

Could you show me that vase/key ring?
Kud yu shóu mi zdad véis/kírreng?
¿Puede mostrarme ese florero/llavero?

I want this pen/watch/lotion/broach.
Ái uánt zdes pen/uátch/lóushon/bróuch.
Quiero esta pluma/este reloj/esta loción/este prendedor.

Can you gift wrap it?
Kan yu guéft rap et?
¿Lo puede envolver para regalo?

TINTORERÍA
Dry cleaners

I want this suit pressed, please.
Ái uánt zdes sut presd, plís.
Quiero que planchen este traje, por favor.

Can you dry clean this jacket/gown/dress, please?
Kan yu drái klín zdes yáket/gáun/dres, plís?
¿Puede lavar en seco esta chamarra/bata/este vestido, por favor?

How much will it be?
Jáu mach uíl et bi?
¿Cuánto costará?

Can you deliver it before Friday?
Kan yu déliver et bifór Fráidéi?
¿Puede entregarla antes del viernes?

When can I pick it up?
Juén kan ái pek et ap?
¿Cuándo la puedo recoger?

TRABAJO
Work

Where do you work?
Juér du yu uérk?
¿Dónde trabajas?

I work for a travel agency.
Ái uérk for a trável éiyensi.
Trabajo en una agencia de viajes.

I enjoy my work.
Ái enyói mái uérk.
Disfruto mi trabajo.

I don't work in the afternoon.
Ái dóunt uérk en zdi áfternun.
No trabajo por las tardes.

What time do you finish working?
Juát táim du yu fénesh uérking?
¿A qué hora sales de trabajar?

Do you like your job?
Du yu láik yur yob?
¿Te gusta tu trabajo?

Do you work on Saturdays?
Du yu uérk on Sáturdéis?
¿Trabajas los sábados?

The boss/The secretary/The office boy/
The recepcionist is a very nice person.
Zda bos/Zda sékretari/Zdi ófis bói/
Zda risépshonist es a véri náis pérson.
El jefe/La secretaria/El mensajero/
La recepcionista es muy amable.

TRANSPORTE SUBTERRÁNEO
Subway

Excuse me, where is the subway station?
Ekskiús mi, juérs zda sábuei stéishon?
Disculpe, ¿dónde está la estación del metro?

Which line takes me to —— ?
Juích láin téiks mi tu —— ?
¿Qué línea me lleva a —— ?

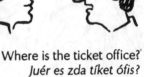

Where is the ticket office?
Juér es zda tíket ófis?
¿Dónde está la taquilla?

How much is the ticket?
Jáu mach es zda tíket?
¿Cuánto cuesta el boleto?

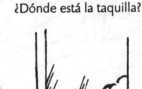

Does this train go to —— ?
Das zdes tréin góu tu —— ?
¿Va este tren a —— ?

Is the next station —— ?
Es zda nekst stéishon —— ?
¿La siguiente es la estación —— ?

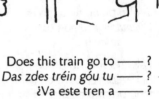

VACACIONES

Holidays

Where are you going on vacation?
Juér ar yu góing on vakéishon?
¿A dónde vas a ir en vacaciones?

We're planning to go to —— .
Uír pláning tu góu tu —— .
Planeamos ir a —— .

I always stay home on holidays.
Ái óluéis stéi jóum on jálideis.
Siempre me quedo en casa en vacaciones.

I'm glad tomorrow is a holiday.
Áim glad tumárrou es a jálidei.
Me da gusto que mañana sea día festivo.

Tomorrow we're going on a picnic. Would you like to join us?
Tumárrou uír góing on a péknik. Uúd yu láik tu yóin as?
Mañana vamos a un día de campo. ¿Quieres ir con nosotros?

VIAJES

Traveling

Can you help me, please?
Kan yu jelp mi, plís?
¿Puede ayudarme, por favor?

Is there a flight to —— ?
Es zder a fláit tu —— ?
¿Hay algún vuelo a —— ?

When is the next plane/bus/train to —— ?
Juén es zda nekst pléin/bas/tréin tu —— ?
¿A qué hora sale el próximo avión/autobús/tren a —— ?

Please reserve two tickets on the —— flight/bus/train to —— .
Plís risérv tu tíkets on zda —— fláit/bas/tréin tu —— .
Por favor, reserve dos boletos en el vuelo/autobús/tren —— a —— .

Please give me one ticket to —— for the nine o'clock flight/bus/train.
Plís guév mi uán tíket tu —— for zdi náin oklók fláit/bas/tréin.
Por favor, déme un boleto a —— en el vuelo/en el autobús/
en el tren de las nueve.

Where's the ticket counter, please?
Juérs zda tíket cáunter, plís?
¿Dónde está el mostrador de boletos?

Are there any lockers here?
Ar zder éni lókers jíer?
¿Hay gavetas aquí?

How much is a taxi to ——— ?
Jáu mach es a táksi tu ——— ?
¿Cuánto cuesta un taxi a ——— ?

I want to change some money.
Ái uánt tu chéinch som máni.
Quiero cambiar dinero.

Where can I get a bus?
Juér kan ái guét a bas?
¿Dónde puedo tomar un autobús?

Is there a hotel near the station/airport?
Es zder a joutél níer zda stéishon/érport?
¿Hay un hotel cerca de la estación/del aeropuerto?

What time do stores/banks/restaurants close?
Juát táim du stors/banks/réstorants klóus?
¿A qué hora cierran las tiendas/los bancos/los restaurantes?

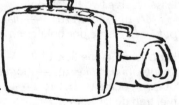

Please check your luggage here.
Plís chék yur lágach jíer.
Por favor, registre aquí su equipaje.

ZAPATERÍA

Shoe shop

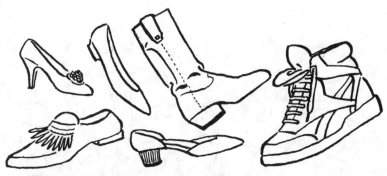

Do you have these shoes in black/white/brown/red?
Du yu jav zdis shus en blak/juáit/bráun/red?
¿Tiene estos zapatos en negro/blanco/
café/rojo?

What size do you need?
Juát sáis du yu nid?
¿Qué número necesita?

We only have them in blue/grey.
Uí óunli jav zdem en blu/gréi.
Sólo los tenemos en azul/gris.

Would you like something different?
Uúd you láik sómzding déferent?
¿Quiere algo distinto?

These are too expensive. Do you have something cheaper?
Zdis ar tu ekspénsiv. Du yu jav sómzding chíper?
Son demasiado caros. ¿Tiene algo más barato?

I'll take these. How much are they?
Áil téik zdis. Jáu mach ar zdéi?
Me llevo éstos. ¿Cuánto cuestan?

I want these size twenty-six.
Ái uánt zdis sáis tuéni-séks.
Quiero éstos en veintiséis.

ZODIACO

What's your sign?
Juáts yur sáin?
¿Cuál es tu signo?

Libra and Aquarius get along fine.
Libra and Akuérius guét alóng fáin.
Libra y Acuario se llevan bien.

Scorpio and Leo are compatible.
Scórpio and Lío ar kompátibl.
Escorpión y Leo son compatibles.

Watch out! He's a Pisces.
Uátch uát! Jis a Páisis.
¡Cuidado! Es Piscis.

Aries are touchy.
Éries ar tóuchi.
Los Aries son susceptibles.

Capricorns are hard workers.
Káprikorns ar jard uérkers.
Los capricornio son trabajadores.

GLOSARIO

A

abarrotes
**grocery
(groceries)**

abierto(a)
open

abordar
board

abril
April

abrochar
(cinturón)
**fasten (seat
bealt)**

abuela
grandmother

abuelo
grandfather

aburrida(o)
bored

acampar
camp

accidente
accident

aceite
oil

aceptar
accept

acerca de
about

acero inoxidable
stainless steel

Acuario
Aquarius

adelantado
fast

adiós
goodbye

aduana
Customs

aerolínea
airline

aeropuerto
airport

aficionado
fan

agencia de viajes
travel agency

agosto
August

agotado(a)
exhausted

agradable
nice

agua
water

agua mineral
mineral water

airoso
windy

alfombra
rug

algo
anything

algo
something

algodón
cotton

alimentos
food

almohada
pillow

almuerzo
lunch

alrededores
**sorrounding
areas**

alto
stop

amable
nice

amar
love

amarrillo
yellow

ambulancia
ambulance

amiga(o)
friend

ancho
wide

andén
platform

angosto
narrow

anillo de boda
wedding ring

animal
animal

antes
before

anunciar
announce

anuncio
ad

año(s)
year(s)

año (escolar)
grade

apagar (cigarrillo)
extinguish

aparecer
show up

apetito
apetite

aquí
here

aretes
earrings

Aries
Aries

arrugar
wrinkle

asiento
seat

asustado(a)
scared

atemorizada(o)
frightened

atrasado
slow

auto
car

autobús
bus

autobús foráneo
coach

automóvil
car

avión
plane

ayudar
help

azúcar
sugar

azul
blue

azul marino
navy blue

B

bailar
dance

bajarse (del
autobús)
get off

baloncesto
basketball

banco
bank

baño
bathroom

baño(s)
**lavatory
(lavatories)
(en un avión)**

baño (público)
restroom

barata
sale

barato
cheap

barbacoa
barbecue

barniz de uñas
nail polish

basura
litter

bata
gown

bata de baño
bathrobe

batería
battery

bebé
baby

beber
drink

bebidas
beverages

béisbol
baseball

belleza
beauty

biberón
baby bottle

biblioteca
library

bibliotecario
librarian

bicicleta
bycicle

bien
well

bien
fine

bien cocido
well done

billete
bill

blanco(a)
white

blusa
blouse

boca
mouth

boleto
ticket

bolsa
handbag

bolsa de papel
paper bag

bonito
beautiful

botas
boots

botella
bottle

botón
button

buen(a) (o)
good

buenas noches
good night

buenas tardes
good afternoon

buenos días
good morning

buró
night table

buzón
mail box

C

caballero
gentleman

caballeros
gentlemen

cabello
hair

cable
wire

café
brown

café
coffee

cafetería
cafeteria

cafetería
coffee shop

caja
box

cajón
drawer

calcetines
socks

caldo
broth

calefacción
heat

caluroso
hot

calle
street

cama
bed

cama individual
single bed

cama matrimonial
double bed

cámara
camera

cambiar
change

cambio
exchange

caminar
walk

camisa
shirt

camisón
nightgown

camiseta(s)
Tshirt(s)

campo
field

candelabro
candlestick

canica(s)
marble(s)

cansado(a)
tired

cantante
singer

Capricornio
Capricorn

cargar
carry

caro
expensive

carro comedor
dining car

carro dormitorio
sleeping couch

carrusel
merry-go-round

carta
letter

casa
home

casa
house

casa abierta
open house

casada(o)
married

casete
cassette

catálogo
guidebook

cena
dinner

centro
downtown

cerca
near

cereal(es)
cereal

cerillo(s)
match(es)

cerrado(a)
closed

cerrar
close

certificar
register

cerveza
beer

césped
grass

cien
a hundred

ciencias
science

cierre
zipper

cigarrillo
cigarette

cigarros
cigarettes

cinco
five

cincuenta
fifty

cine
movies

cinta de aislar
electrical tape

cinturón
belt

ciruela
plum

cita
appointment

ciudad
city

clase
class

clavo **nail**	concierto **concert**	creer **think**	cuello **neck**
clima **weather**	condolencias **condolences**	crema **cream**	cuenta **bill**
cobertor **blanket**	conductor **driver**	crema facial **face cream**	cuidado **caution**
cobre **copper**	conocer **know**	crucigama **crossword puzzle**	cumpleaños **birthday**
cocinera(o) **cook**	conocer **meet**	crudo **rare**	cuota **toll**
coleccionar **collect**	conseguir **get**	cruzar **cross**	cuota **fare**
color(es) **color(s)**	contacto (eléctrico) **plug**	cuadra **block**	**CH**
collar **necklace**	corbata(s) **tie(s)**	cuadrada(o) **square**	chal **shawl**
comida **food**	correa **stripe**	cuándo **when**	chaleco **vest**
comida **meal**	correo **mail**	cuarenta y cinco **forty-five**	chamarra **jacket**
cómoda **chest**	correo aéreo **air mail**	cuarto **room**	champiñones **mushrooms**
compartimiento **compartment**	correos **Post Office**	cuarto doble **double room**	champú **shampoo**
compatible **compatible**	corta(o) **short**	cuarto sencillo **single room**	cheque **check**
componer **repair**	corte de cabello **haircut**	cuatro **four**	cheque de viajero **traveler's check**
comprar **buy**	cortina **curtain**	cuchillo **knife**	chica(o) **small**
comprometida(o) **engaged**	costar **cost**	cuello **collar**	chícharo **pea**
con **with**	credencial **credential**		chocolate **chocolate**

| chófer | desarmador | dieciocho | distinto(a) |
| **driver** | **screwdriver** | **eighteen** | **different** |

| chupón | desayuno | diente | divertirse |
| **pacifier** | **breakfast** | **tooth** | **enjoy** |

| | descansar | diez | divorciada(o) |
| **D** | **rest** | **ten** | **divorced** |

| dama | describir | difícil | doctor |
| **lady** | **describe** | **difficult** | **doctor** |

| damas | desde luego | dinero | documento |
| **ladies** | **certainly** | **money** | **document** |

| dar | desear | dirección | dólar(es) |
| **give** | **want** | **address** | **dollar(s)** |

| dar de comer | desfile | directo | doler |
| **feed** | **parade** | **direct** | **hurt** |

debajo	despacio	director	dolor
under	**slow**	(de orquesta)	**pain**
		conductor	

decir	despedida		dolor de cabeza
tell	**farewell**	directorio	**headache**
		directory	

declarar	devolución		dolor de
declare	**return**	disco	estómago
		record	**stomach ache**

dejar	día		
leave	**day**	disco compacto	dolor de muelas
		compact disk	**toothache**

delineador	día de campo		
eye pencil	**picnic**	disculpa	domingo
		apology	**Sunday**

dentista	día festivo		
dentist	**holiday**	disculpe	dónde
		excuse me	**where**

departamento	diaria		
appartment	**daily**	disfrutar	dormir
		enjoy	**sleep**

deporte(s)	diarrea		
sport(s)	**diarrhea**	disgustar	dos
		dislike	**two**

deprimida(o)	diccionario		
depressed	**dictionary**	disponible	dueto
		available	**duet**

| derecha | diciembre | | |
| **right** | **December** | | |

E

edad
age

efectivo
cash

eficiente
efficient

electricista
electrician

electrónico
electronic

elegante
elegant

elevador
elevator

emparedado
sandwich

empezar
start

empuje
push

encantada(o)
pleased

encendedor
lighter

encender (luz)
turn on

encías
gums

encoger
shrink

encontrar
find

enderezar
straighten

enero
January

enfermera(o)
nurse

enfermo(a)
sick

enjuague
rinse

ensalada
salad

ensalada de pollo
chicken salad

ensalada mixta
mixed salad

entender
understand

entrada
entrance

entregar
deliver

enviar
send

**envolver (para
regalo)**
(gift) wrap

equipaje
luggage

**equipaje de
mano**
hand luggage

equivocado(a)
wrong

escalón
step

Escorpión
Scorpio

escritorio
desk

escuela
school

español
Spanish

especial
special

**esperar (al
teléfono)**
hold on

esperar
wait

esposa
wife

esposo
husband

esquina
corner

esta noche
tonight

estación
station

estación(es)
season(s)

**estación de
ferrocarril**
railroad station

estacionamiento
parking lot

estacionar
park

estadio
stadium

estado civil
marital status

estampilla
stamp

estante
shelf

esto, esta, este
this

éstos, éstas
these

estudiar
study

exacta(o)
exact

examen
test, exam

excelente
excellent

exposición
exposure

extra grande
extra large

extrañar
miss

F

fácil
easy

falda
skirt

familia **family**	florero **vase**	fumar **smoke**	gripa **cold**
farmacia **drugstore**	folleto **brochure**	función **performance**	gris **gray**
farmacia **pharmacy**	fondo **slip**	funcionar **work**	guante **glove**
favorito **favorite**	forma **form**	**G**	guapa(o) **good looking**
febrero **February**	forma de registro **registration form**	galón **gallon**	guía **guide**
feliz **happy**	fotocopia **photocopy**	galleta(s) **cookie(s)**	guitarra **guitar**
ferretería **hardware store**	fotografía **picture**	ganar **win**	gustar **like**
ferrocarril **train**	fotografía **photography**	gasolina **gas**	**H**
ficción **fiction**	franela **flannel**	gasolinera **gas station**	habitación **room**
fideo **noodle**	fregadero **faucet**	gato(a) **cat**	hablar **talk**
fiebre **fever**	fresa(s) **strawberry (strawberries)**	gaveta **locker**	hablar **speak**
fiesta **party**		generalmente **usually**	hacer **make**
fila **row**	fresco **fresh**	género **gender**	hamburguesa **hamburger**
filete **steak**	frío **cold**	gente **people**	hamburguesa con queso **cheeseburger**
fin de semana **weekend**	frotar **rub**	grande **big**	helado **ice cream**
finanzas **finance**	fruta(s) **fruit**	grande **large**	helar **freeze**
firmar **sign**	fuera **outside**	grasosa(o) **oily**	

hembra **female**	hotel **hotel**	instrumento **instrument**	juego de comedor **dining room set**
hermana **sister**	hoy **today**	interesante **interesting**	juego de recámara **bedroom set**
hermano **brother**	huevo(s) **egg(s)**	interrupción **interruption**	juego de sala **living room set**
hierbabuena **mint**	huevos fritos **fried eggs**	invierno **winter**	jueves **Thursday**
hija(o) **child**	huevos poché **poached eggs**	invitación(es) **invitation(s)**	jugador **player**
hijos **children**	huevos revueltos **scrambled eggs**	ir **go**	jugar **play**
hogar **home**	huevos tibios **soft boiled eggs**	izquierda **left**	jugo **juice**
hola **hello, hi**	**I**	**J**	juguete(s) **toy(s)**
hombre **man**	identificación **identification**	jale **pull**	julio **July**
hombre de negocios **businessman**	imperativo **imperative**	jalea **jam**	junio **June**
hora **hour**	impermeable **raincoat**	jamón **ham**	junta **meeting**
hora **time**	impuesto **duty**	jarabe **syrup**	juntos **together**
hora de salida **check out time**	incluir **include**	jardín **garden**	**L**
horario **timetable**	información **information**	jefe **boss**	laca **hair spray**
horas de visita **visiting hours**	ingeniero **engineer**	jovencita **young lady**	lácteo(s) **dairy**
hospital **hospital**	inglés **English**	joyería **jewelry**	lámpara **lamp**
	insertar **insert**	juego **game**	

lana **wool**	ley(es) **law**	lunes **Monday**	llover **rain**
lápiz de labios **lipstick**	Libra **Libra**	luz **light**	**M**
larga distancia **long distance**	libra **pound**	**LL**	macho **male**
largo(a) **long**	libre **free**	llamada **call**	madera **wood**
lata **can**	libre **vacant**	llamada telefónica de persona a persona	madre **mother**
latón **brass**	libro **book**	**person to person call**	maestro(a) **teacher**
lavandería **laundry**	licencia **license**	llamada telefónica por cobrar	mal **wrong**
lavar **wash**	licencia de manejo **driver's license**	**collect call**	maleta, bolsa **bag**
lavar en seco **dry clean**	ligero **light**	llamar **call**	maleta **suitcase**
leche **milk**	límite **limit**	llanta baja **flat tire**	mandar **send**
leche evaporada **evaporated milk**	límite de velocidad **speed limit**	llave **key**	manejar **drive**
leer **read**	línea **line**	llave de tuercas **wrench**	manga **sleeve**
lejos **far**	lino **linen**	llavero **key ring**	manija **handle**
Leo **Leo**	linterna **flashlight**	llegar **arrive**	manta **blanket**
letrero **sign**	lista(o) **ready**	llenar **fill out**	mantel **tablecloth**
levantar **lift**	loción **lotion**	llenar **fill up**	mantel (individual) **mat**
levantarse **get up**		llevar **take**	

manzana **apple**	más grande **larger**	mes(es) **month(s)**	moneda de diez centavos de dólar **dime**
mañana **tomorrow** (al otro día)	matemáticas **mathematics**	mesa **table**	moneda(s) de un centavo de dólar **penny (pennies)**
mañana (a.m.) **morning**	materia **subject**	mesera **waitress**	moneda de
mapa **map**	material **material**	mesero **waiter**	veinticinco centavos de dólar **quarter**
máquina automática	mayo **May**	metro (transporte) **subway**	montaña rusa
automatic **machine**	mecánico **mechanic**	mexicano(s) **Mexican**	**roller coaster**
marcador **score**	medallón **pendant**	miel **honey**	mostrador **counter**
marcar **dial**	mediana(o) **medium**	miércoles **Wednesday**	mostrar **show**
marco **frame**	médico **doctor**	migración **immigration**	mover **move**
mareada(o) **dizzy**	medida **measure**	mil **thousand,** **a thousand**	mucho **a lot**
mármol **marble**	medio dólar **half dollar**	milla **mile**	muebles **furniture**
martes **Tuesday**	medio fondo **half slip**	minuto **minute**	muela **tooth**
martillo **hammer**	mediodía **noon**	molestar **bother**	mujer **woman**
marzo **March**	mejor **better**	moneda **coin**	mujer de negocios **businesswoman**
más **more**	mensajero **office boy**	moneda **currency**	muñeca **doll**
más chica(o) **smaller**	menú **menu**	moneda de cinco	museo **museum**
más grande **bigger**	mermelada **marmelade**	centavos de dólar **nickel**	música **music**

....

música clásica
classical music

músico
musician

muy
very

N

nadie
nobody

naranja
orange

natación
swimming

necesitar
need

negocio
business

negro
black

nevar
snow

nietos
grandchildren

nieve
snow

niña
girl

niño
boy

niños
children

no fumar
no smoking

noche
evening

Nochebuena
Christmas Eve

nombre
name

nosotros
us

nosotros
we

noticias
news

novia
girlfriend

noviembre
November

novio
boyfriend

nuera
**daughter
in-law**

nueve
nine

número
number

número
telefónico
phone number

O

objetos perdidos
Lost and Found

octubre
October

ocupación
occupation

ocupada(o)
busy

ocupado
occupied

ocho
eight

odiar
hate

oficina
office

olvidar
forget

onza
ounce

operadora
operator

oprimir
push

orden
order

ordenar
order

oro
gold

orquesta
orchestra

otoño
fall

ovalada(o)
oval

P

padre
father

pagar
pay

palabra
word

palomitas de maíz
popcorn

pan
bread

pan tostado
toast

panqueques (hot
cakes)
pancakes

pantalones
trousers

pantalones
slacks

pantalones cortos
shorts

pantalones de
mezclilla
jeans

pañal
diaper

pañoleta(s)
scarf (scarves)

pañuelo(s)
**handkerchief
(handkerchieves)**

papa al horno
baked potato

papas a la francesa **French fries**	pasillo **aisle**	permitir **let**	plástico **plastic**
paquete **parcel**	pastel **cake**	personal **personal**	plata **silver**
paquete **package**	patrón(es) **pattern(s)**	personas **people**	plato **dish**
paquete **packet**	peinado **styling**	perro caliente **hot dog**	plomero **plumber**
para **for**	película **movie, film**	pesar **weigh**	pluma **pen**
parabrisas **windscreen**	peligro **danger**	peso **weight**	poder **can**
parada de autobús **bus stop**	pelota **ball**	pesos **pesos**	polvo **powder**
parar **stop**	pequeño **small**	pianista **pianist**	pollo **chicken**
parque de diversiones **amusement park**	perder **loose**	piel (material) **leather**	poner **put**
	perfume **perfume**	piel **skin**	por cobrar **collect**
partido **match**	periódico **paper**	pies **feet**	por favor **please**
pasado **last**	periódico **newspaper**	píldora(s) **pill(s)**	por supuesto **of course**
pasajero **passenger**	perlas cultivadas **cultivated pearls**	pipa **pipe**	portátil **portable**
pasaporte **passport**	permanecer **stay**	pintura **painting**	postre **dessert**
pasar **come in**	permanente **perm**	Piscis **Pisces**	preferir **prefer**
pasatiempo **hobby**	permiso de trabajo **work permit**	piso **floor**	prenda **garment**
Pascua **Easter**		planta **plant**	prendedor **broach**

presentación	puesto de periódicos	recibir	reloj despertador
introduction	**newsstand**	**receive**	**alarm clock**
prestar		recipiente(s)	renta
lend	pulgada(s)	**container(s)**	**rental**
	inch(es)		
prima		recoger	rentar
cousin	pulsera	**pick up**	**rent**
	bracelet		
primavera		recomendar	reparar
spring	puré de papa	**recommend**	**fix**
	mashed potatoes		
primer(o)		rectangular	repetir
first	puro	**rectangular**	**repeat**
	cigar		
Primera clase		redondo	reservación
First Class		**circular**	**reservation**
probar(se)	**Q**	redondo(a)	reservar
try (on)		**round**	**reserve**
	quedarse		
proceder	**stay**	reembolso	reservar
proceed		**refund**	**make a**
	queja(s)		**reservation**
programa	**complaint(s)**	refresco	
program		**soda**	respaldo
	querer		**back**
prohibido fumar	**love**	refresco	
no smoking		**soft drink**	restaurante
	querer		**restaurant**
prometida	**want**	regalo	
fiancee		**present**	revelar (rollo
	quince		fotográfico)
prometido	**fifteen**	registrar	**develop**
fiance		**check**	
pronóstico	quincena	reglamento	revisar
forecast	**fortnight**	**rule**	**check**
próxima(o)		regresar	revista
next	**R**	**come back**	**magazine**
público	radio	regresar	roble
public	**radio**	**return**	**oak**
puerta	recepcionista	reloj	rojo
door	**recepcionist**	**clock**	**red**
puerta	receta médica	reloj (de pulsera)	rollo (de película)
gate	**prescription**	**watch**	**film**

Spanish	English		Spanish	English
ropa	salón de belleza		servicio	soltera(o)
clothes	**beauty parlor**		**service**	**single**
rosa	salón de clase		servicio de	sombra para los
pink	**classroom**		cuartos	ojos
			room service	**eye shadow**
rota(o)	saludos			
broken	**greetings**		servir	somnoliento
			help	**sleepy**
rueda de la	sección			
fortuna	**section**		sí	sopa
wheel of fortune			**yes**	**soup**
	seco			
ruidosa(o)	**dry**		signo	sótano
noisy			**sign**	**basement**
	secretaria			
	secretary		siguiente	suave
S			**next**	**soft**
	seda			
sábado	**silk**		silencio	sucio
Saturday			**silence**	**dirty**
	segundo			
saber	**second**		silla	sudadera
know			**chair**	**sweat shirt**
	seguro			
saco	**insurance**		sillón	suegra
jacket			**armchair**	**mother-in-law**
	seis			
sala	**six**		sobre	sugerir
gate			**envelope**	**suggest**
	semana			
salchicha	**week**		sobrina	supermercado
sausage			**niece**	**supermarket**
	semanal			
salida	**weekly**		sobrino	susceptible
exit			**nephew**	**touchy**
	sentarse			
salida	**sit down**		sofá	
departure			**sofa**	**T**
	sentimiento			
salida de	**feeling**		sofá cama	tabaco
emergencia			**studio couch**	**tobacco**
emergency exit	sentir			
	feel		solamente	tabaquería
salir			**only**	**tobacconist**
leave	señor			
	sir		solicitar	tableta
salir			**order**	**tablet**
go out	septiembre			
	September			

taladro **drill**	taxi **taxicab**	terraza **terrace**	todo(s) **all**
talla **size**	taza **cup**	tía **aunt**	tomar (beber) **drink**
tallarines **fetuccini**	té helado **ice tea**	tiempo (clima) **weather**	tomar **take**
tanque **tank**	teatro **theater**	tienda **store**	tomar **get**
tapa **cover**	técnico en televisores **TV repairman**	tienda de departamentos **department store**	tomar medidas **measure**
taquilla **ticket office**	tela **fabric**	tienda de fotografía **camera shop**	tomate **tomato**
tarde (p.m.) **afternoon**	teléfono **telephone**		torneo **tournament**
tarde **late**	telégrafo **telegraph**	timbre **bell**	tornillo **screw**
tarea **homework**	telegrama **telegram**	timbre postal **estampilla**	toronja **grapefruit**
tarifa **fare**	televisión **television**	tímida(o) **shy**	trabajar **work**
tarifa **rate**	tener **have**	tintorería **dry cleaners**	trabajo **work**
tarjeta **card**	tenis **tennis**	tío **uncle**	traducir **translate**
tarjeta de crédito **credit card**	terciopelo **velvet**	tiovivo **merry-go-round**	traer **bring**
tarjeta postal **postcard**	terminar **finish**	tipo **kind**	traje **suit**
tarjeta verde **green card**	terminarse (algo) **run out of**	toalla **towel**	traje de baño **swimming suit**
tasa **rate**	término medio **medium well**	tocar **play**	tránsito **traffic**
tasa de cambio **exchange rate**		tocino **bacon**	transportación **transportation**

transporte
subterráneo
subway

treinta
thirty

tren
train

tres
three

triste
sad

trotar
jog

trucha
trout

tú
you

tuerca
nut

U

último
last

un sentido
one way

uno(a)
one

usar
use

usted
you

V

vacaciones
holiday(s)

vacaciones
vacation

vainilla
vanilla

varios(as)
several

vaso
glass

veinte
twenty

veinticinco
twenty-five

vender
sell

venta
sale

ventanilla
window

ver
see

verano
summer

verde
green

verdura(s)
vegetable(s)

vestido
dress

vía rápida
freeway

viajar
travel

viaje(s)
tour(s)

vídeo
video

viernes
Friday

vino
wine

violín
violin

visitar
visit

viuda
widow

viudo
widower

vivir
live

vuelo
flight

vuelta
turn

Y

yarda
yard

yerno
son-in-law

yo
I

Z

zanahoria
carrot

zapatería
shoe shop

zapato(s)
shoe(s)

zodiaco
zodiac

CONTENIDO

Table of contents

Esta obra se terminó de imprimir
en enero de 2007, en los Talleres de

IREMA, S.A. de C.V.
Oculistas No. 43, Col. Sifón
09400, Iztapalapa, D.F.